高塔

体育公园与桥

大桥全景

主桥远望

跨越轨道交通

主桥

桥墩与梁底

桥下仰望

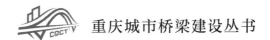

重庆城市桥梁建设丛书

高低塔单索面曲线混凝土宽箱梁斜拉桥施工技术

——重庆双碑嘉陵江大桥

GAODITA DANSUOMIAN QUXIAN HUNNINGTU

KUANXIANGLIANG XIELAQIAO SHIGONG JISHU

CHONGQING SHUANGBEI JIALINGJIANG DAQIAO

重庆市城市建设投资（集团）有限公司／编著

重庆大学出版社

内容提要

本书以重庆双碑嘉陵江大桥建设为依托，介绍了高低塔单索面曲线混凝土宽箱梁斜拉桥施工技术，内容包括概述、建设方案研究、高低塔单索面曲线混凝土斜拉桥设计、超小间距双肢墩柱整体模板施工技术、超大 0 号块施工技术、大吨位前后支点组合挂篮体系研究与实践、非对称曲线超宽梁段悬臂浇筑技术、桥梁结构混凝土性能提升研究、项目建设管理及创新。

本书对同类桥梁建设具有重要的参考价值，可供桥梁工程设计、施工及建设管理人员借鉴，也可供高等学校相关专业学生学习参考。

图书在版编目（CIP）数据

高低塔单索面曲线混凝土宽箱梁斜拉桥施工技术 ：
重庆双碑嘉陵江大桥／重庆市城市建设投资（集团）有
限公司编著. -- 重庆：重庆大学出版社，2024.12
　ISBN 978-7-5689-4317-8

Ⅰ . ①高… Ⅱ . ①重… Ⅲ . ①斜拉桥—桥梁施工—重
庆 Ⅳ . ①U448.27

中国国家版本馆 CIP 数据核字（2023）第 251507 号

高低塔单索面曲线混凝土宽箱梁斜拉桥施工技术
——重庆双碑嘉陵江大桥
GAODITA DANSUOMIAN QUXIAN HUNNINGTU KUANXIANGLIANG XIELAQIAO SHIGONG JISHU
CHONGQING SHUANGBEI JIALINGJIANG DAQIAO

重庆市城市建设投资（集团）有限公司　编著
策划编辑：肖乾泉
责任编辑：肖乾泉　　　版式设计：肖乾泉
责任校对：谢 芳　　　责任印制：赵 晟

*

重庆大学出版社出版发行
出版人：陈晓阳
社址：重庆市沙坪坝区大学城西路 21 号
邮编：401331
电话：(023)88617190　88617185（中小学）
传真：(023)88617186　88617166
网址：http://www.cqup.com.cn
邮箱：fxk@ cqup.com.cn（营销中心）
全国新华书店经销
重庆亘鑫印务有限公司印刷

*

开本：787mm×1092mm　1/16　印张：12.25　字数：264 千　插页：16 开 3 页
2024 年 12 月第 1 版　　2024 年 12 月第 1 次印刷
ISBN 978-7-5689-4317-8　定价：49.00 元

编 委 会

序　言

从 2007 年原重庆市城市建设投资公司决定对投资建设的跨长江、嘉陵江的特大桥编辑"重庆城市桥梁建设丛书"伊始,至 2013 年间先后编辑出版了《重庆石板坡长江大桥复线桥》《重庆鹅公岩长江大桥》《重庆菜园坝长江大桥》《重庆朝天门长江大桥》《重庆黄花园嘉陵江大桥》和《重庆鱼洞长江大桥》6 部著作。2010 年,重庆市城市建设投资公司更名为重庆市城市建设投资(集团)有限公司(简称"城投集团")后继续承担重庆市城市桥梁投资建设任务,10 多年间相继在长江、嘉陵江上建成了一大批桥梁。为真实记录重庆市最新桥梁建设、设计、施工和管理的科技成果和建设成就,整理保存桥梁建设的技术资料和重要档案,提高桥梁建设的管理水平,为从事桥梁专业和行业的工程技术人员、高校学生提供桥梁建设实例,宣传桥梁文化,普及桥梁科技知识,城投集团组织续编出版"重庆城市桥梁建设丛书"。

续编的"重庆城市桥梁建设丛书"与之前的 6 部著作比较,在内容设计上有较大的调整。之前的著作突出了各座桥梁建设中的亮点、看点和难点,但重点在内容的系统性和完整性,把当时涉及的技术、工艺做了充分的展示,着重于技术总结。续编的各桥著作则系统深入地对建设项目新理念、新技术、新工艺等进行了分析和阐述,对之前著作里已介绍过的成熟施工技术、工艺则选择性略过,具有更强的创新性、系统性、科技性，同时对桥梁文化进行了提炼，对建桥过程中的人文历史进行了收集、记载，并在专门章节中进行详述，增强了可读性。

30年桥梁建设管理的风雨历程，留下的不仅仅是重庆主城跨越两江的十余座特大桥梁，还有百炼成钢的技术、管理团队，广大市民美丽舒适的生活环境，以及先进的桥梁建设技术成果。桥梁建设技术会随着其他领域的不断进步而持续发展，良好的传承则会有效促进发展，愿"重庆城市桥梁建设丛书"能够为广大桥梁建设者推动桥梁事业高质量发展助力！

前　言

斜拉桥的构思可以追溯到 17 世纪,最早建成的斜拉桥就是混凝土主梁斜拉桥。第一座现代斜拉桥——主跨 182 m 的新斯特雷姆伍特桥(Strömsund)于 1955 年在瑞典建成。目前,斜拉桥已成为大跨径桥梁的主要形式,混凝土斜拉桥、钢结构斜拉桥、钢混组合斜拉桥、钢混混合斜拉桥等全面发展,最大跨度已达 1 104 m。

重庆双碑嘉陵江大桥为高低塔单索面预应力混凝土刚构体系曲线斜拉桥,采用塔墩梁固接的刚构体系,主梁采用抗弯、抗扭性能高的倒梯形箱梁断面,塔墩采用超小间距双肢结构。

本书依托重庆双碑嘉陵江大桥的建设,介绍了高低塔单索面曲线混凝土宽箱梁斜拉桥施工技术,主要内容包括概述、建设方案研究、高低塔单索面曲线混凝土斜拉桥设计、超小间距双肢墩柱整体模板施工技术、超大 0 号块施工技术、大吨位前后支点组合挂篮体系研究与实践、非对称曲线超宽梁段悬臂浇筑技术、桥梁结构混凝土性能提升研究、项目建设管理及创新。本书对同类桥梁设计、施工及建设管理具有重要的参考价值。

本书在编写过程中,参阅了一些公开出版和发表的文献,在此对相关作者表示感谢;书中部分图片无法联系到作者,如涉及版权使用问题,请与本书作者联系。

由于编者水平有限,书中谬误在所难免,敬请读者批评指正。

作　者

2024 年 9 月

目 录
CONTENTS

第1章

概　述

1.1　混凝土斜拉桥发展状况

斜拉桥又称斜张桥,属组合体系桥梁,其上部结构由主梁、拉索和索塔3种构件组成。按照主梁所使用的建筑材料,可分为混凝土斜拉桥(主梁为预应力混凝土梁)、钢斜拉桥(主梁为钢梁)、结合梁斜拉桥(主梁为钢-混凝土结合梁,又称组合梁斜拉桥)、混合式斜拉桥(主跨为钢主梁、边跨为混凝土主梁)。

图1.1所示为几座著名的混凝土斜拉桥立面图。可见,斜拉桥索塔上用若干斜向拉索支承起主梁,以跨越较大的河谷等障碍。拉索的作用相当于在主梁跨内增加了若干弹性支承,使主梁跨径显著减小,从而大大减少了梁内弯矩、梁体尺寸和梁体自重,使桥梁的跨越能力显著增大。与悬索桥相比,斜拉桥不需要很大的锚碇装置,抗风性能又优于悬索桥。可通过调整拉索的预拉力调整主梁的内力,使主梁的内力分布更均匀合理。

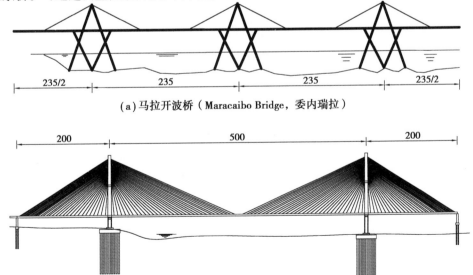

(a)马拉开波桥（Maracaibo Bridge，委内瑞拉）

(b)荆州长江大桥（中国）

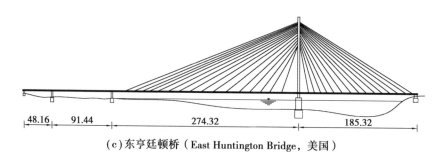

（c）东亨廷顿桥（East Huntington Bridge，美国）

图 1.1　斜拉桥立面图（单位：m）

斜拉桥是一种高次超静定的组合结构，包含较多的设计变量，全桥总的技术经济合理性不能单从结构体积小、用料省或者满应力等来衡量。同时，拉索与主梁、索塔的连接构造较复杂，施工技术要求高。拉索索力的调整工序也较复杂，运营多年后拉索需要更换。

斜拉桥的构思可以追溯到 17 世纪，最早建成的斜拉桥为混凝土斜拉桥，其主梁采用钢筋混凝土或预应力混凝土结构。拉索的水平分力对混凝土主梁产生轴向预压作用，增强了主梁的抗裂性能并节省了高强度钢材。斜拉桥利用主梁、索塔之间的不同构造方式形成不同的受力体系，以适应不同的地形和地质条件；斜拉桥最适合的施工方式是悬臂浇筑或安装。

由于受当时科技水平的限制，斜拉桥在 300 多年的漫长岁月中没有得到很大的发展。又因为 19 世纪 20 年代前后修建的几座斜拉桥出现坍塌事故，斜拉桥的发展在相当长一段时期内处于被人遗忘的状态。

20 世纪 30 年代，德国工程师迪辛格（Dischinger）首先认识到斜拉桥结构的优越性并加以发展。由他研究设计的第一座现代斜拉桥——主跨 182 m 的新斯特雷姆伍特桥（Strömsund）于 1955 年在瑞典建成（图 1.2）。接着，在德国的杜塞尔道夫建成主跨 260 m 的杜塞尔道夫北莱茵河桥。它们都采用了稀索和钢主梁结构，这是早期现代斜拉桥的共同特点。

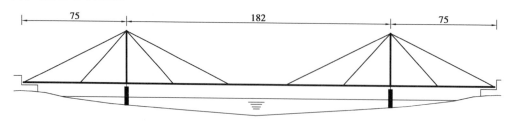

图 1.2　新斯特雷姆伍特桥（Strömsund）（单位：m）

从此，斜拉桥得到迅速发展，至今，全球已建成各类斜拉桥 400 余座，分布于 30 多个国家和地区。2009 年建成的主跨为 1 018 m 的中国香港昂船洲大桥，是目前世界上最大跨径的混合梁斜拉桥，其主跨中央部分为钢箱梁，边跨为混凝土梁。建于 2008 年的苏通长江大桥主跨达到 1 088 m，是世界上跨径首次超千米的斜拉桥，其主桥为钢箱梁。目前，世界最大跨径斜拉桥为俄罗斯岛大桥，跨径为 1 104 m。

第一座现代混凝土斜拉桥是 1962 年委内瑞拉建成的马拉开波桥,其跨径布置为160 m+5×235 m +160 m,采用稀索布置[图 1.1(a)],索塔两侧仅一对预应力混凝土拉索。进入 20 世纪 70 年代后,混凝土斜拉桥得到迅速发展。1977 年,法国建成的伯劳东纳桥(Brotonne bridge)主跨达 320 m;1983 年,西班牙建成的卢纳巴里奥斯桥(Luna bridge)主跨达 440 m,超过当时钢斜拉桥的最大跨径 404 m(法国的圣纳泽尔桥);1991 年建成的挪威斯卡恩圣特桥(Skarnsundet bridge),主跨为 530 m,是当时世界上各类斜拉桥的最大跨径,至今仍保持混凝土斜拉桥的最大跨径纪录。

我国在 20 世纪 70 年代中期开始修建斜拉桥。在 1975 年和 1976 年,首先建成了主跨分别为 76 m 和 56 m 的两座混凝土斜拉桥,在取得了设计和施工经验后,全国各地开始修建斜拉桥。在 40 多年中,我国已建成斜拉桥近 100 多座,其中很大部分是混凝土斜拉桥。1993 年建成的上海杨浦大桥,主跨达 602 m,是当时世界上最大跨径的结合梁斜拉桥;2002 年建成通车的荆州长江大桥,主跨为 500 m,是我国当时最大跨径的混凝土斜拉桥。它们标志着我国在斜拉桥的设计、施工方面已进入世界领先水平。随着工业现代化进程的加快,为适应大跨径结构的需要,预计在我国结合梁斜拉桥及钢斜拉桥将逐渐增加。

40 多年中,混凝土斜拉桥的发展可分成 3 个阶段:

①第一阶段:稀索布置,主梁基本上为弹性支承连续梁;

②第二阶段:中密索,主梁既是弹性支承连续梁,又承受较大的轴向力;

③第三阶段:密索布置,主梁主要承受强大的轴向力,同时又是一个受弯构件。

40 多年中,混凝土斜拉桥的发展异常迅速,除了跨径不断增加外,主梁梁高不断减小,主梁的高跨比从 1/40 左右发展到 1/354,索距从 60 ~ 70 m 减少到 10 m 以下。

由于混凝土的可塑性,混凝土斜拉桥主梁形式越来越多,从梁式桥的截面形式发展而来的扁平板式梁截面,最大跨径已达 530 m;为适应单索面斜拉桥以及曲线斜拉桥对主梁抗扭刚度要求,箱形混凝土主梁斜拉桥得到广泛应用。

根据国内外桥梁专家的研究分析,混凝土斜拉桥的最大跨径可达 700 m,钢斜拉桥最大跨径可达 1 300 m,结合梁斜拉桥(主梁为钢-混凝土结合梁)最大跨径可达1 000 m。混凝土斜拉桥经济合理的跨径为 200 ~ 500 m。

重庆双碑嘉陵江大桥受环境限制与景观要求,采用高低塔单索面曲线混凝土宽箱梁斜拉桥,结构复杂,建造难度大。本书依托重庆双碑嘉陵江大桥的建设,介绍高低塔单索面曲线混凝土宽箱梁斜拉桥施工技术。

1.2　重庆双碑嘉陵江大桥工程概况

1.2.1　桥梁区位

重庆市主城区综合交通网"三横线"西起西永,经双碑、石马河、松树桥、红旗河沟、黄泥磅、五里店、弹子石、峡口接江南通道,线路全长 37.4 km,道路红线宽度为 54 m(图1.3)。重庆双碑嘉陵江大桥工程是"三横线"由沙坪坝区进入江北区的跨江通道,西接双碑,跨越嘉陵江,东面过江北农场与石马河立交相连(图1.4)。

重庆双碑嘉陵江大桥工程主线总长约为 3.79 km,主要由重庆双碑嘉陵江大桥西引桥工程、重庆双碑嘉陵江大桥主桥工程、重庆双碑嘉陵江大桥东引道工程、石马河立交连接线工程四大部分组成。其中,重庆双碑嘉陵江大桥主桥全长 645 m,采用 60 m+160 m+330 m+95 m 高低塔单索面混凝土斜拉桥。

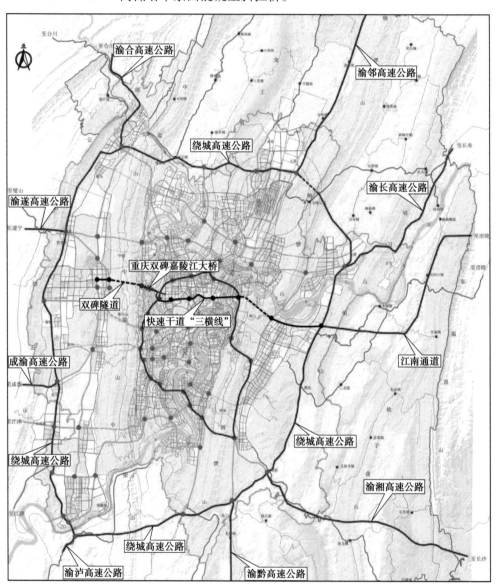

图 1.3 重庆快速干道"三横线"(重庆双碑嘉陵江大桥、双碑隧道段)区位图

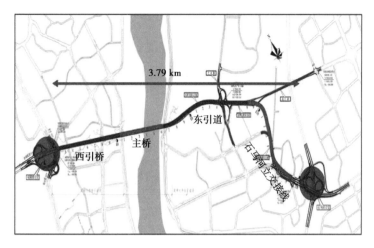

图1.4 工程平面示意图

1.2.2 技术标准

主要技术标准如下:

①道路等级:城市快速路;

②行车道数:双向六车道;

③设计行车速度:60 km/h;

④设计荷载:公路-Ⅰ级,人群荷载为4.0 kN/m²;

⑤主桥桥面宽度:整幅标准宽度为32.5 m;

⑥桥面横坡:2.0%;

⑦主桥纵坡:双向1%人字坡;

⑧设计洪水频率:1/300;

⑨航道等级及通航标准:内河航道Ⅲ级(净高≥10 m,净宽单孔≥95 m、双孔≥270 m);

⑩设计水位:最低通航水位为163.285 m,最高通航水位为191.93 m;

⑪船撞力:高塔墩船舶撞击力最大正撞力为21.4 MN,辅助墩为13.7 MN,撞击作用点高程范围为170~193.43 m;

⑫抗震:E1取50年10%地面峰值加速度,为0.053 g;E2取50年2%地面峰值加速度,为0.103 g。

1.2.3 工程建设主要条件

1)气象

重庆属亚热带湿润气候,具有冬暖春早、雨量充沛、夜雨多、空气湿度大、云雾多、日照偏少等特点。多年平均气温为18.3 ℃,月平均最高气温在8月为28.1 ℃,月平均最低气温在1月为5.7 ℃,日最高气温为43.0 ℃,日最低气温为-1.8 ℃。多年平均降水量为 1 082.6 mm 左右,降雨多集中在 5—9 月,其降雨量最高达 746.1 mm 左右,日降雨量大于 25 mm 以上的大暴雨日数占全年降雨日数的 62% 左右,小时最大降雨量可达 62.1 mm。多年平均相对湿度为 79% 左右,最热月份相对湿度为 70% 左右,最冷月份相对湿度为 81% 左右。全年主导风向为北,频率为 13% 左右;夏季主导风向为北西,频率为 10% 左右,年平均风速为 1.3 m/s 左右,最大风速为 26.7 m/s。

2)桥渡水文

(1)河道概况

桥址处于嘉陵江井口—磁器口河段,河道平面整体上呈反"S"形。主桥位于两个弯道的过渡河段中下部,河面宽度沿程变化不大,枯水期河宽为 250 ~ 400 m,洪水期河宽为 380 ~ 600 m。在桥址附近断面处,枯、洪水期河面宽分别为 260 m 和 500 m。河段整体上是上、下弯道为深沱,中间过渡段为浅水段。枯水期水深不到 3.0 m,河道整治建筑物之间河宽仅 100 多米。

(2)三峡水库调度运行方式

10 月三峡水库蓄水,坝前水位逐步升高至 175 m 运行;11 月份至次年 4 月底,三峡水库维持较高水位;5 月末—6 月初,三峡水库坝前水位降至防洪限制水位 145 m;6—9 月,整个汛期三峡水库维持低水位运行。

大桥回水仅受 175 m 蓄水影响,三峡水库 175 m 正常蓄水期,桥址河段水位较天然枯水抬高 10 m 左右;三峡水库 155 m 或 145 m 运行期,桥址河段与天然情况差异不大。

(3)水文特征

嘉陵江是长江主要干流,江水自北向南流,在重庆主城区朝天门汇入长江,平均水面坡降为 0.28‰,最大流量为 44 800 m³/s,最小流量为 242 m³/s,多年平均流量为 2 160 m³/s,江面宽约 400 ~ 500 m,平均流速为 0.1 ~ 6.0 m/s,平均含沙量为 2.372 kg/m³。全年水位变化规律是:2—4 月为最低水位期,7—9 月为最高洪水期;洪水时最大表面流速为 5 m/s,枯水时表面流速为 1 ~ 2 m/s。

嘉陵江枯水季节一般在 11 月至次年 4 月,最枯水位在 1—3 月。嘉陵江洪水主要由暴雨形成,多出现在 6—9 月。根据北碚水文站资料统计,近年来实测嘉陵江最大流量为 44 700 m³/s(1981 年 7 月 16 日),实测最小流量为 205 m³/s(1958 年 3 月 28 日),多年平均流量为 2 250 m³/s,年均最小流量为 335 m³/s。在桥址下游约 2 km 的嘉陵江磁器口水尺断面处,各频率洪水位演算成果如表 1.1 所示。

表 1.1 嘉陵江磁器口断面处各频率天然洪水位

重现期 T(年)	100	50	20	10	5
洪水频率 P(%)	1	2	5	10	20
洪水位(m)	195.53	193.73	191.43	189.53	187.13

（4）水文设计值

根据重庆双碑嘉陵江大桥通航净空尺度和技术要求论证研究报告中相关研究成果,桥梁处于三峡回水变动区上段。考虑库区影响,重庆双碑嘉陵江大桥设计最高通航水位采用 20 年一遇(5%)频率洪水水位 191.93 m,设计最低通航水位采用天然情况下 95% 保证率水位 163.285 m。

经对相关资料分析推算,桥址处各频率洪水位演算成果如表 1.2 所示。

表 1.2　嘉陵江双碑频率水位

100 年一遇（成库前）	100 年一遇（成库后）	300 年一遇（成库前）	300 年一遇（成库后）
195.576 m	196.976 m	198.476 m	199.876 m

3）通航标准及航道尺寸

重庆双碑嘉陵江大桥位于嘉陵江河口至合川河段,为内河Ⅲ级航道,航道建设标准为(2.0~2.4)m×45(90)m×500 m(水深×单、双线航宽×弯曲半径),通行 1 000 t 级船舶组成的船队。

通过通航论证,航道通航净高为 10 m,净宽为:单向 95 m,双向 270 m。

4）地质

（1）地形及地貌

嘉陵江河谷岸坡地貌,河谷形态呈不对称 U 形,河谷宽为 400~600 m,地面高程为 161~200 m(图 1.5、图 1.6)。

图 1.5　西岸原始地貌　　　　　　　　　图 1.6　东岸原始地貌

（2）地质构造

以垂直区域构造线的方式行进,穿越了磁器口向斜:在 K8+790 附近磁器口向斜轴部以北北东的走向横穿线路。西翼岩层产状:倾向东,倾角为 30 °;东翼岩层产状:倾向西,倾角为 10 °~25 °。

（3）地层岩性

工程沿线出露地层为第四系填土、粉质黏土、粉土、砂土和卵石土,侏罗系上沙溪庙组地层。

P26 主塔墩位于右岸浅滩区,墩位表层为厚 3.0～4.6 m 的卵石土,基岩以砂质泥岩为主,表层强风化带厚度为 0～1.00 m,中风化饱和抗压强度为 5.2 MPa,微风化饱和抗压强度为 8.1 MPa。

P27 主塔墩位于左岸漫滩,墩位区基岩裸露,为侏罗系中统沙溪庙组砂岩,表层风化带厚度为 0～1.50 m,中风化饱和抗压强度为 25.7 MPa,岩体较完整,裂隙不发育。

(4)水文地质条件

地下水受大气降雨和地表水体渗漏补给,工程沿线大气降水丰沛,地下水补给条件良好。一般情况下,第四系松散层含孔隙水,砂岩含孔隙裂隙水(主要为裂隙水),泥岩为相对隔水层。地下水水质好,矿化度低,对混凝土无侵蚀性、溶蚀性。

1.3 技术特点及创新

1.3.1 桥型方案

重庆双碑嘉陵江大桥主桥孔跨布置为:75 m+145 m+330 m+95 m=645 m,西岸主墩位于河槽中,东岸主墩位于岸边,且边跨位于半径550 m的圆曲线上,综合考虑建设条件、景观等因素,最终采用高低塔、中央索面混凝土斜拉桥,西岸布置高塔,塔高约178 m;东岸布置低塔,塔高为121.8 m。桥塔采用直线长方柱造型,塔顶曲线切角,形似两座双尖碑,寓意"双碑",与地形、地名相融合。

1.3.2 技术特点

主桥为高低塔中央索面预应力混凝土刚构体系曲线斜拉桥,桥宽 32.5 m,主梁 90%梁段采用挂篮悬浇施工。低塔设 15 对索、高塔设 29 对索,低塔距主梁合龙段 115.5 m,高塔距离主梁合龙段 214.5 m,高塔侧相当于主跨 400 m 双塔斜拉桥。

主要技术特点为:低塔基础采用明挖扩大基础、大悬臂大倾斜腹板倒梯形箱梁断面主梁、塔墩梁固接刚构体系、高塔挂篮过辅助墩、中跨合龙顶推、低塔曲线段不对称悬浇设计等。

1.3.3 技术创新

①采用塔墩梁固接刚构体系,提高了结构整体刚度和主梁施工过程中的安全度,减少了体系转换工序,避免了运营期主塔处支座养护,是曲线斜拉桥的合理结构体系。

②主梁宽 32.5 m,中央索面体系,采用抗弯、抗扭性能高的倒梯形箱梁断面,斜腹板采用斜率大于60°的倾角,减小了主梁底板宽度,减轻了结构自重,提高了抗风性能,且主梁轻巧美观。各阶段梁体颤振临界风速均大于 133 m/s,远大于检验风速 62.9 m/s,具有优良的抗风性能。主梁混凝土的用料指标为 0.85 m^3/m^2。

③为减少混凝土主梁收缩徐变、体系温度等荷载作用下的塔根弯矩,下塔墩采用

双肢间距仅 20 cm 的结构,抗推刚度减少 1/2,从而大大减小基础规模。同时由于双肢间距仅 20 cm,外观上不影响下塔墩的整体景观效果,且利于运营期下塔墩共同抵抗船撞。

④低塔基础采用明挖扩大基础,较桩基方案节约 50% 的基础工期和 60% 经济投入。

⑤为避免在水中设置高支架现浇高塔边跨侧混凝土主梁,采用挂篮过辅助墩的方案。高塔两侧主梁 20 号~23 号节段施工期间,先保持中跨领先边跨一个节段,待挂篮过辅助墩后,浇筑边跨滞后的主梁 23 号节段,后续对称施工直至边跨合龙。

⑥低塔曲线段采用不对称悬浇施工,并将箱内永久配重作为悬臂阶段平衡重同步实施,节省工期和造价。

⑦为减少主梁收缩徐变对主塔墩受力的不利影响,在主跨合龙前,合龙口顺桥向预顶 1 200 t 力,以作为改善结构受力。

⑧主梁两侧采用混凝土排水槽收集桥面雨污水,并经两岸沉淀过滤池后引入市政污水管网,实现桥面初期雨污水和可能发生的危化品车辆泄漏液体不直接排入嘉陵江,以保护下游中法水厂取水口。

第2章

建设方案研究

2.1 线路方案比选

2.1.1 总体设计原则

重庆双碑嘉陵江大桥线路基本走向选择主要根据城市总体规模控制规划对快速路"三横线"的服务区域界定。方案走向由城市总体规划确定,与城市综合交通规划中的大致位置走向相同,并针对西永组团、沙坪坝区双碑片区、江北区石马河片区及北部新区的用地现状和地形、地质特点,结合双碑隧道的选线,由面到带,从几个可能的路线方案中,通过调查、分析、比选、推荐确定一条最优的路线方案。

2.1.2 选线原则

①保证快速路"三横线"和城市对外交通(高速公路)与城市对内交通主干道路网的有效衔接。

②充分考虑快速路"三横线"带动各组团发展问题。

③充分考虑用地情况和现状,减少协调问题。

④深入、细致研究,多方案论证。

⑤在保证行车安全、舒适的前提下,使工程量小,造价低,营运费用省。

⑥注意保护自然生态、环境,使工程与环境相协调。

⑦选线设计中,注意对工程地质和水文的勘测,查清其对道路、桥梁、隧道工程的影响。

2.1.3 线路平面方案

重庆双碑嘉陵江大桥的桥位以及双碑隧道的西永接线对线路的走向影响很大,直接关系到整个线路的经济技术指标、线路对城市建设的带动作用、道路今后的服务水平。为选择最优的道路、隧道及桥位方案,将道路设计的研究范围扩大为:西部新城南北快速干道至江北区石马河立交及龙山路段,全长约 11.5 km。根据重庆双碑嘉陵江大桥的不同桥位、双碑隧道的西永接线位置、中法水厂与佰富江高尔夫球场用地控制、特钢厂与嘉陵厂及道路沿线的地形地貌、现状道路等各种控制因素,提出 3 个线路平面方案进行比选。

(1)北线方案

起于西永科技大道北线,经双碑隧道穿越中梁山,穿过双碑钢丝焊条厂,在特钢厂与嘉陵厂交界处的詹家溪北面过江,东面在梁沱水厂取水口上游约 118 m 处上岸,过梁沱水厂北侧,止于石马河立交,同时与渝北区冉家坝龙山路相接。

(2)中线方案

起于西永科技大道,经双碑隧道穿越中梁山,穿过双碑特钢厂车间,在特钢厂与嘉陵厂交界处的詹家溪南面过江,东面在梁沱水厂取水口下游 150 m 处上岸,过梁沱水厂南侧,止于石马河立交。

(3)南线方案

起于西永科技大道南线,经双碑隧道穿越中梁山,穿过大河沟机械厂,沿特钢厂铁路隧道,在特钢厂码头北面的司眼沱弯道处过江,东面在梁沱水厂取水口下游约 650 m 处上岸,止于石马河立交。

各路线方案比较见表2.1。

表 2.1　各路线方案比较

序号	项目		北线方案	中线方案	南线方案
1	与规划走向的关系		一致	基本一致	基本一致
2	对沿线地块完整性及使用情况的影响		对沿线地块无影响,地块的使用情况良好	对特钢厂地块及天宏集团项目用地有较大影响,需结合控规调整	对特钢厂地块有一定影响,需结合控规调整
3	对沿线组团经济发展的带动作用		从江北农场及双碑组团中心区穿过,经济带动作用明显,西永接线从西永组团核心区北面穿过,服务功能好	从江北农场及双碑组团中心区穿过,经济带动作用明显,西永接线从西永组团核心区穿过,影响较大	从江北农场及双碑组团中心区南面穿过,经济带动作用较弱,从西永组团工业区穿过,服务功能弱
4	桥位	桥位工程地质条件	河道顺直,桥位与河道基本正交	河道顺直,桥位与河道正交,江北岸地质条件好	桥梁位于司眼沱弯道处,对通航不利,桥梁需一跨过江
		与上下游桥位的距离	距上游规划大竹林大桥 3.5 km,距下游高家花园大桥 2.8 km	距上游规划大竹林大桥 3.8 km,距下游高家花园大桥 2.5 km	距上游规划大竹林大桥 4.3 km,距下游高家花园大桥 2.0 km

续表

序号	项目		北线方案	中线方案	南线方案
4	桥位	桥梁两端接线难度	与现状过江高压走廊斜交,标高有冲突,需搬迁,与杨双路的衔接难度大	与现状过江高压走廊无冲突,与杨双路的衔接难度大	与现状高压走廊距离较远,无冲突,与杨双路的衔接较为容易
		与中法水厂取水口的关系	位于取水口上游118 m,影响较大,取水口及泵房搬迁困难	位于取水口下游150 m,影响较小	位于取水口下游650 m,无影响
5	西永接线	与渝遂高速公路的衔接关系	距现状西永立交1.8 km,立交开口有一定难度,但取消收费站后是可行的	距现状西永立交1.4 km,立交开口有一定难度,但取消收费站后是可行的	需对现状西永立交进行改造,将原三路交叉改造为四路交叉
		路网系统的合理性	距规划井口隧道1.6 km,距现状西永隧道5.6 km	距规划井口隧道2.2 km,距现状西永隧道5.0 km	距规划井口隧道3.6 km,距现状西永隧道3.6 km
		与轨道交通一号线的关系	共线	基本平行,距离为600 m	基本平行,距离为2 000 m
6	沿线重要构筑物长度	双碑隧道长度	4.38 km	4.25 km	3.98 km
		主桥长度	680 m	540 m	950 m
		引桥长度	1 196 m	1 372 m	956 m
7	路线长度		11.5 km	11.0 km	10.0 km

2.1.4 桥位方案选择

在《重庆市城市总体规划》中,采用了沿长江、嘉陵江水轴形成相对独立的组团式布局形式。重庆双碑嘉陵江大桥工程是城市总体规划修编中重庆主城区规划的跨江特大桥之一。它的修建能使城市布局得到大大的拓展,促进沙坪坝区、江北区、渝北区、北部新区的经济发展,也是形成城市快速通道、缓解城市交通压力的需要。重庆双碑嘉陵江大桥工程是重庆市主城区综合交通规划中快速干道"三横线"由沙坪坝区进入江北区的跨江通道。

根据平面选线设计成果,结合嘉陵江河道的走向、河道宽度、河岸两侧的地形地貌和桥位处的工程地质情况,同时考虑桥梁两端接线难易程度、对地块的影响、拆迁量的大小进行 3 个桥位方案比选(图 2.1)。

(1)北线方案

此方案为原 2004 年 12 月选定的规划控制方案,此桥位方案距上游规划大竹林大桥 3.5 km,距下游高家花园大桥 2.8 km,西起于特钢厂与嘉陵厂交界处的詹家溪,东止于梁沱水厂取水口上游约 118 m 处。

图 2.1　桥位方案示意图

主要优点:桥位处嘉陵江河道顺直,江面宽度变化不大,有利于今后桥下通航,工程地质条件好,同时对两岸地块无影响。主要缺点:与东西向过江高压线斜交,标高上有冲突,需搬迁,同时在中法水厂取水口上游,离取水口较近,但可考虑移动左岸主墩,增大桥梁主跨,以减小对取水口的影响。

(2)中线方案

桥位往下游移动 280 m,距上游规划大竹林大桥 3.8 km,距下游高家花园大桥 2.5 km,西起于特钢厂中板车间,东止于中法水厂取水口下游约 170 m 处。

主要优点:桥位处嘉陵江河道顺直,江面宽度变化不大,有利于今后桥下通航,工程地质条件好,同时对过江高压走廊及中法水厂取水口影响小。主要缺点:占用了特钢厂部分用地,同时从天宏集团地块内部穿过,影响较大,规划协调难度大。

(3)南线方案

桥位位于特钢厂码头处的弯道,距中线桥位 500 m,距上游规划大竹林大桥 4.3 km,距下游高家花园大桥 2 km,西起于特钢厂码头北面,东止于中法水厂取水口下游约 640 m 处。

主要优点:对取水口及过江高压走廊均无影响,两岸地势较高,引桥长度短。主要缺点:占用特钢厂部分用地,主桥位于河流弯道上,对通航不利,主桥跨径大,同时与上下游桥位的距离从路网系统上来说不太合理。

从技术上讲,3 个桥位方案都是可行的;从通航条件来说,南线桥位建桥条件较差,北线桥位、中线桥位对通航较为有利,桥跨适中,桥梁造价较为经济,但中线桥位对地块影响大,综合比选,最终采用北线方案。

2.2 桥型方案研究

2.2.1 通航孔跨布置

根据重庆双碑嘉陵江大桥通航净空尺度和技术要求论证研究报告,桥梁位于嘉陵江河口至合川河段,为内河Ⅲ级航道,航道建设标准为(2.0 ~ 2.4)m×45(90)m×500 m(水深×单、双线航宽×弯曲半径),通行 1 000 t 级船舶组成的船队。航道通航净高为10 m,净宽为:单向 95 m,双向 270 m。结合桥址处河道、地形、水流及通航情况,最终确定主通航孔跨径为 330 m,副通航孔跨径为 145 m,26 号主墩位于主河槽中,距西岸约 220 m,27 号主墩位于东岸岸边(平曲线起点)(图 2.2、图 2.3)。

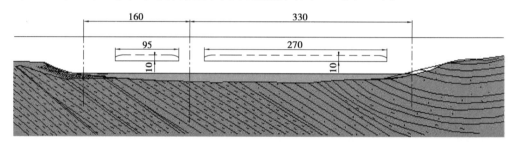

图 2.2 通航孔跨布置图(单位:m)

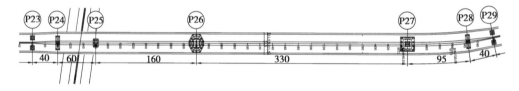

图 2.3 主桥墩位平面布置图(单位:m)

2.2.2 桥型方案研究

重庆双碑嘉陵江大桥主跨为 330 m,可选用的桥型有拱桥、悬索桥、组合体系桥及斜拉桥,本着"安全、经济、适用、美观"的设计原则,结合桥址建桥条件,分别论述上述桥型的优缺点及适用性。

1)拱桥

拱桥是一种常见的桥式,通常分为上承式拱桥和下承式拱桥。从景观角度考虑,拱桥较梁式桥有特点,立面上线形富于变化,有韵律感。从受力角度考虑,上承式拱桥的水平推力大,适合建造在较好的地基上,要求地基承载力高,如高山峡谷之间。本桥位处地形、地质条件对于推力拱式结构是不合适的,且上承式拱肋还存在防船撞问题。

下承式拱桥的系杆拱为自平衡体系,对地质条件要求不是太高,建筑上效果也不错。但从施工角度考虑,系杆拱的施工工艺比较复杂,拱肋安装难度大,施工风险较大。对于主跨达 330 m、边跨 160 m 的拱桥来说,跨径较大,需采用造价高的钢拱,且受主墩及孔跨布置影响(一个在水中,一个在岸上,且边中跨度不一致)景观效果不好。

因此,主桥采用拱桥方案不太合适(图2.4)。

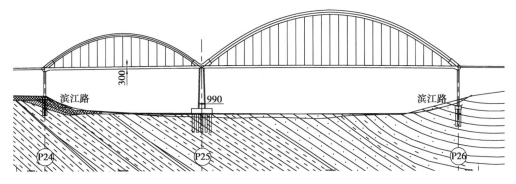

图 2.4　拱桥方案立面布置图(单位:cm)

2)悬索桥

悬索桥方案线形流畅,景观效果较好。悬索桥通常分为两种类型:一种为地锚式,另一种为自锚式。地锚式悬索桥跨越能力强,目前已建成最大跨径的悬索桥为日本的明石海峡大桥,主跨为 1 991 m,主梁荷载通过大缆传至锚碇。

结合重庆双碑嘉陵江大桥两岸地形、主墩位置及孔跨布置(160 m+330 m),悬索桥西岸锚碇将置于河床中,施工过程中对水厂取水口影响较大。东岸锚碇受平曲线影响布置较难,且地锚式悬索桥造价高。

自锚式悬索桥的大缆直接锚固于主梁上,无须修建锚碇,目前已建成最大跨径的独塔自锚式悬索桥为旧金山-奥克兰海湾新桥,主跨为 385 m。广东佛山平胜大桥主桥为跨径 350 m 独塔钢箱梁自锚式悬索桥,韩国永宗大桥为主跨 300 m 双塔钢桁梁自锚式悬索桥。

自锚式悬索桥施工方法相对复杂,常规方法是首先将主梁在满堂支架上或临时墩上架设、安装完毕,然后再安装主缆、吊索。本桥水中桥墩高约 65 m,水深 10 多米,在水中修建大规模临时墩或施工支架将会影响通航,且增加施工风险、费用,从安全、经济角度考虑是不合适的。

因此,综合考虑建桥条件、造价、施工等因素,主桥采用悬索桥方案不合适。

3)组合体系桥

近几年,随着桥梁建设的发展,为结合桥址处的自然环境或达到一定的设计风格和使用要求,出现了一些组合体系桥梁,如矮塔斜拉桥(部分斜拉桥)、斜拉-悬吊体系、斜拉与连续梁(刚构)协作体系、斜拉与拱组合体系、拱与连续梁组合体系等。

对于主跨为 330 m 级别的桥梁,且东岸主墩已进入平曲线,部分斜拉桥方案不合适。

　　按照"安全、经济、适用、美观"的设计原则,如主桥采用斜拉与刚构组合体系,同其他组合体系相比,采用刚构梁可减少主跨斜拉桥跨径,降低造价,缩短工期,相对而言较为合适。目前,已建成的斜拉与刚构组合体系桥有1985年建成的美国东亨廷顿桥(主跨为274 m)、克罗地亚杜勃罗夫尼克桥、1999年建成的广东金马大桥(主跨为283 m)、2001年建成的宁波招宝山大桥(主跨为258 m)。

　　本桥主跨为330 m,超过目前世界上已建成的最大跨径的协作体系斜拉桥,技术难度较大,主要体现在以下3个方面:

　　①独塔混凝土斜拉桥跨径约为260 m,施工期长,线形控制难度较大;

　　②斜拉桥边墩为刚构墩、墩梁固结,混凝土收缩徐变以及温度力对结构影响较大,结构受力复杂、多变,后期运营阶段风险较大;

　　③斜拉桥主梁和刚构主梁接头处理比较复杂。

　　综上所述,主桥不宜采用斜拉-刚构组合体系(图2.5)。

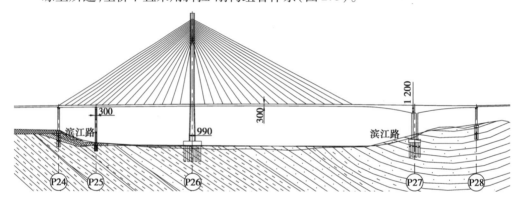

图2.5　斜拉-刚构组合体系桥方案立面布置图(单位:cm)

4)斜拉桥

　　20世纪90年代以来,斜拉桥技术得到飞速的发展。现在已建成和在建的斜拉桥,跨度从几十米到超过1 000 m,主梁、主塔和斜拉索的造型也是丰富多彩,斜拉桥已成为现代桥梁的主流桥式。

　　从景观角度考虑,为与桥位周边景观协调一致,塔、梁、索可以选择样式多变的造型:一方面可以与秀丽的自然景观及丰富的人文积淀融为一体,另一方面又可以体现现代化的重庆奋发向上的生机活力。

　　斜拉桥种类繁多,按主梁材料划分,主要有混凝土斜拉桥、钢斜拉桥、结合梁斜拉桥、混合梁斜拉桥4种类型。就本桥而言,由于主孔跨径为330 m,从经济性考虑,混凝土斜拉桥比较合适;从施工风险控制考虑,钢斜拉桥较优。因此,着重对混凝土斜拉桥与钢斜拉桥方案进行研究、比选。

（1）混凝土梁斜拉桥

①混凝土斜拉桥的适应性。本桥主孔跨径 330 m 是混凝土斜拉桥的经济跨度,其主梁质量密度比较大,是结合梁的 2 倍、钢梁的 3 倍,因此其临界颤振风速远远大于后两种桥梁,抗风性能佳;主梁截面刚度大,活载作用下结构变形小,斜拉索应力幅小,行车舒适,使用性能好;虽然抗震性能一般,但由于主跨 330 m 的斜拉桥属中等跨径,采取合理的约束条件及抗震措施,能满足抗震要求。

②孔跨布置研究。现代斜拉桥孔跨布置一般有独塔双跨式、双塔三跨式、多塔多跨式等多种形式。就 330 m 主孔跨径而言,采用独塔双跨式混凝土斜拉桥在技术上有一定难度,当前还不具备修建条件;多塔多跨式斜拉桥在河流水面较宽,需要多孔通航时可以考虑采用,此处河槽宽度不足 600 m,采用双塔三跨式混凝土斜拉桥即可完全覆盖整个河槽宽度。因此,无采用多塔多跨式斜拉桥的必要。

采用双塔三跨式斜拉桥是比较经济合理的方案,双塔又分为等高塔对称布置、高低塔不对称布置等形式,现结合建桥条件予以说明。

a. 等高塔桥式:绝大多数斜拉桥采用等高塔对称布置,这是双塔三跨式斜拉桥的典型桥式布置。就本桥建桥条件而言,西岸主墩位于主河槽中,东岸主墩位于岸边,且位于平面缓和曲线起点,东岸边跨位于半径 550 m 的圆曲线上,如采用等高塔形式,势必使得东岸边跨过多进入圆曲线,结构受力复杂,斜拉索侵入行车道限界。为避免影响行车,尽管可通过调整梁宽来解决,但视觉效果较差,且等高塔东岸边跨较长,主桥经济性不明显。

b. 高低塔桥式:本桥受地形及平面线形等条件限制,采用高低塔比较合适。靠西岸采用高塔,东岸采用矮塔,主桥孔跨布置为:60 m+160 m+330 m+95 m＝645 m,高塔布置斜拉索 29 根(拉索范围为 214.5 m),矮塔布置斜拉索 15 根(拉索范围为 115.5 m)。

③斜拉索布置形式。斜拉索布置有单索面与双索面之分,这主要与主跨跨径、桥面宽度、主梁截面形式、约束体系等密切相关。本桥拟采用单索面布置,主要原因如下:

a. 主跨跨度:双索面斜拉桥主跨跨径不受限制,而单索面斜拉桥主孔跨径不宜过大。就本桥而言,主孔跨径适中,两种索面布置均能较好地满足结构受力要求。

b. 主梁截面:本桥主梁宽约 30 m,双索面布置需采用边箱梁或实体边主梁结构,两片边梁之间需设多道横梁将其连成整体,故横梁受力及材料用量所占比重较大,经济性较差。单索面布置主梁可以采用倒梯形截面形式,结构整体性好,纵梁壁厚及横梁厚度相对较薄,材料用量较省。

c. 塔型:双索面布置桥面以上主塔一般设有两个塔柱,或直立或倾斜,结构布置相对复杂。单索面斜拉索布置采用的独柱式塔型构造简单,施工方便快捷。

d. 约束体系:单索面布置一般采用塔梁墩固结体系,主梁合龙不需进行体系转换,既方便施工,又省去塔墩支座,便于后期维修养护。

e.施工方法:双索面布置所采用的边箱梁或实体边主梁结构,一般采用悬臂现浇法施工,工期相对较长,质量不易保证。单索面布置所采用的倒梯形主梁结构,可以采用预制悬拼架设,质量有保证,主梁架设工期较短。

f.桥梁横向刚度:双索面布置主梁横向抗扭主要由斜拉索提供,单索面斜拉桥的斜拉索对主梁抗扭帮助不大,其主要通过主梁自身与塔梁墩固结体系来共同提供所需的抗扭刚度,因此主梁宽度不宜太小,而本桥32.5 m桥面宽度较适合单索面布置。

单索面混凝土斜拉桥结构体系成熟,应用较广,目前已建成的有重庆石门嘉陵江大桥(主跨为200 m+230 m独塔单索面混凝土斜拉桥,桥面宽25.5 m,墩高约50 m,塔柱自桥面以上高113 m,塔总高约163 m,顺桥向宽9.5 m,横桥向宽4.0 m,在桥面净空以上宽4.5 m)、宜昌夷陵长江大桥(主跨为2×348 m三塔单索面斜拉桥,桥面宽23.0 m,预制梁)、珠海淇澳大桥(主跨为320 m双塔独柱式单索面混凝土斜拉桥,桥面宽33 m,钢筋混凝土箱形塔,主塔高76 m,塔柱根尺寸为7.5 m×3.5 m,塔顶尺寸为6 m×3.5 m)、福州三县洲闽江大桥(主跨为238 m,混凝土独塔单索面斜拉桥,桥宽30 m,倒Y形主塔高117.5 m,塔、墩、梁固结体系,预制梁)、株洲建宁大桥(主跨为240 m预应力独塔单索面混凝土斜拉桥,桥面宽30 m,主塔塔高138.0 m)、巴拿马运河世纪大桥(主跨为420 m独柱式双塔中央单索面混凝土斜拉桥,桥面宽34.3 m,主塔高191.5 m,为钢筋混凝土空心塔,横截面为平截椭圆形,塔柱根尺寸为8 m×4.5 m,塔顶尺寸为6 m×4.5 m)。

综上所述,双塔三跨式混凝土斜拉桥宜作为本桥的首选方案一,并以单索面高低塔布置为最优,主桥孔跨布置为:60 m+160 m+330 m+95 m=645 m(图2.6、图2.7)。

(2)钢梁斜拉桥

本桥主孔跨径330 m,且东岸位于半径550 m的圆曲线上,独塔混凝土斜拉桥已不合适。从结构安全性考虑,采用独塔钢梁斜拉桥比较好,钢梁质量轻、强度高、跨越能力强,330 m以上均能适应。本桥梁宽31.5 m,抗风性能能满足要求。抗震性能较好。虽然该桥型工程造价较混凝土斜拉桥高,但其建造工期短,质量有保障,后期运营风险小,可作为本桥的方案二。主桥孔跨布置为:60 m+160 m+330 m=550 m(图2.8)。

(3)桥式方案综合比较

针对主桥两个桥式方案,从孔跨布置、对排洪的适应性、对河势和河床的稳定性以及景观、运营、养护及工期保障方面进行比较,如表2.2所示。

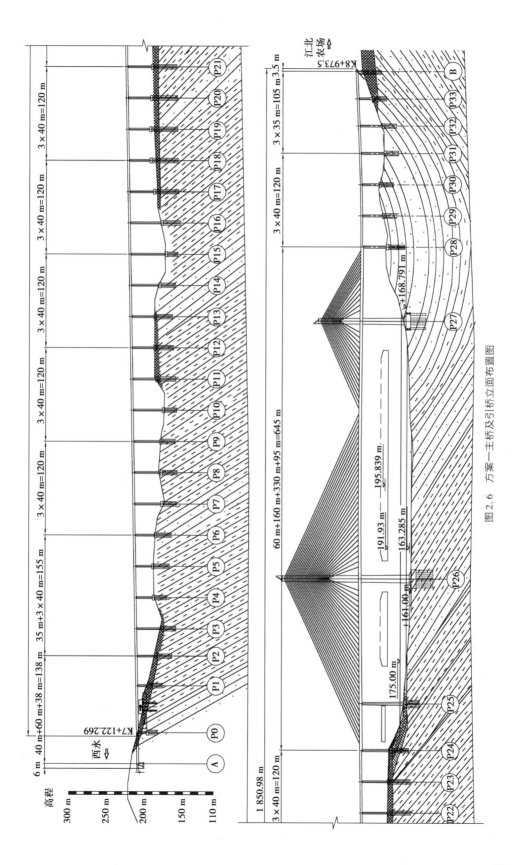

图 2.6　方案一主桥及引桥立面布置图

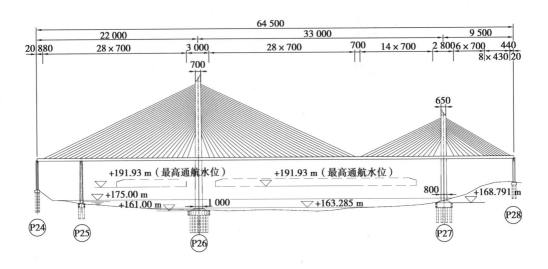

图 2.7 方案一主桥立面布置图(单位:cm)

表 2.2 主桥桥式方案综合比较

方案描述	方案一:330 m 高低塔混凝土斜拉桥(60 m+160 m+330 m+95 m=645 m)	方案二:330 m 独塔钢箱梁斜拉桥(60 m+160 m+330 m=550 m)
结构特性	高低塔、单索面、混凝土梁,塔墩梁固结,高塔采用24ϕ2.5 m 钻孔群桩基础	独塔、双索面、钢箱梁,塔墩固结,主塔采用 2-12ϕ2.5 m 钻孔群桩基础
施工工艺	主塔基础采用双壁钢围堰施工,主塔采用爬模施工,主梁采用挂篮悬浇施工	主塔基础采用双壁钢围堰施工,主塔采用爬模施工,主梁采用预制悬拼施工
工期保障	只有一个深水基础,上部结构施工技术成熟,工期有保障	只有一个深水基础,上部结构施工技术成熟,工期有保障
运营条件	结构刚度大,运营条件好	结构刚度满足要求,运营条件较好
后期维护	斜拉索需定期维护,混凝土桥面铺装耐久性较好	斜拉索、钢箱梁需定期维护,钢桥面铺装耐久性一般
环境协调	造型独特,与环境协调	主塔造型新颖,与环境协调
技术风险	基于国内外类似工程实例较多,桥式方案本身没有不可预见的风险;通过精心施工,加强监督、管理,结构风险可得到很好控制	基于国内外类似工程实例较多,桥式方案本身没有不可预见的风险;通过精心施工,结构风险可得到很好控制
工期	40 个月	36 个月
建筑安装费	25 710 万元(指标:11 898 元/m²)	29 670 万元(指标:16 103 元/m²)

综合上述比较,两个梁式方案均能满足桥址建桥条件以及功能使用要求。从经济性、运营条件及后期维护等因素考虑,最终以方案一混凝土梁斜拉桥作为实施方案。

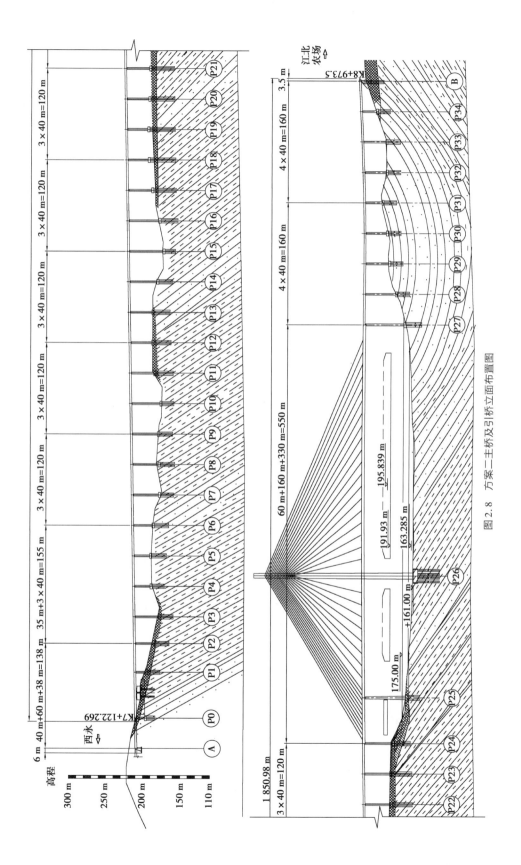

图 2.8 方案二主桥及引桥立面布置图

2.2.3 主桥桥型方案特点及景观设计

1）主桥桥型方案特点

①330 m 主跨混凝土斜拉桥,总体上技术成熟、可靠。

②西岸侧布置高塔,东岸侧布置低塔,东岸边跨 95 m 位于曲线上。

③单箱三室大倾角斜腹板倒梯形混凝土箱梁,抗风稳定性好,轻巧美观。

④采用塔墩梁固接刚构体系,下塔墩采用双肢间距仅 20 cm 的独柱墩。

⑤高、低独柱塔,中央索面,桥面视线好,桥梁整体景观效果好。

2）景观设计

（1）原景观方案

桥梁跨越江海河流,沟通被阻隔的地域,同时桥梁在比例与尺度、韵律与变化、对比与协调等诸多方面能给人以美的感受。可以说,桥梁具有空间属性、社会属性和美学属性。一处完美的桥梁景观,是将桥梁的空间属性、美学属性和社会属性有机地结合起来并发挥到极致的产物。

重庆双碑嘉陵江大桥连接重庆北部新区与大学城,横跨嘉陵江,地处河谷地区。本着"一桥一景"的指导思想,景观设计应突出强调桥梁的个性特征,优化桥梁视觉效果,突出桥梁文化内涵的表达,充分体现桥梁的空间属性与美学属性。

清道光年间,有人捐资在詹家溪附近修筑了一条道路,人们对捐资人立"双碑"给予表彰纪念,该路也被称为双碑街。这个故事无从考证,主人公也无名姓。但故事的传颂表达了人们对捐资人的纪念,被他造福民众的奉献精神所感动。两百多年以后,在同样的位置需要修建一座大桥,规模宏大,为被天堑所隔的两岸居民提供便捷的通道,可谓福之大焉。

重庆双碑嘉陵江大桥的景观主题为"奉献",是对前后两个时代惠泽百姓、为民造福行为的歌颂。设计中,将桥墩造型处理成双手向上托举的形象,借以表现"奉献"的主题,高低塔和拉索一起构成重山的形象。直线的造型使主塔墩充满了雕塑的力感,坚强有力的臂膀(墩柱)与张开的手掌(横梁)很好地承托了大桥的主梁,寓意着重庆人民用自己勤劳的双手托举了山城,众人之手为这座城市奉献出自己的力量。混凝土材料的桥墩在造型上最富可塑性,"手型墩"在光影下的富有层次的表面变化,令人过目不忘,又与全桥风格相统一。

梁上塔柱的造型对应双碑地名的传说,也是对传统地方文化的一种传承与反映。桥塔造型简洁,与桥墩形成对比,其纪念碑式的处理手法也表达了一种对大桥建设的颂扬。

结合桥位处的建设条件,本着经济合理的功能要求,设计中采用了高低塔非对称斜拉桥结构体系。高低双塔在构图的不对称性,产生了移步异景的视觉效果,增加了桥梁动态的美感,简洁轻快,结构新颖(图 2.9、图 2.10)。

图 2.9　主桥桥塔效果图

图 2.10　60 m+160 m+330 m+95 m 高低塔单索面混凝土斜拉桥效果图

（2）实施方案

实施方案对塔墩和塔柱进行了简化处理,桥塔形态更加简洁现代。塔顶部分切出一个斜角,在造型上产生轻巧活泼的美感。两个塔顶的斜角在立面上相对切角布置,由于两个桥塔高度不同、边跨跨径不同,在视觉上形成错落感,是平衡高低塔景观效果的有效构图手法。原方案和实施方案两种主塔造型效果如图 2.11 所示。

从简洁、施工和经济方面考虑,方案二塔墩取消方案一的手托造型,塔顶处理成曲线的切角,增加了桥塔上扬的动势,造型活泼生动,主塔造型最终采用方案二。

下塔柱采用常见的板式墩形,形态简洁,经济合理;自上而下逐渐增加结构尺寸,既满足了桥塔结构的功能要求,也在视觉上营造了挺拔有力的景观效果(图 2.12—图 2.14)。为了削弱下塔柱的体量感,运用浅凹槽表面装饰处理,使桥塔更加轻巧现代。全桥采用浅灰色系涂装,简洁素雅,充满现代感。

(a)原景观方案一　　　　　　　　(b)实施景观方案二

图2.11　两种塔形方案的效果图

图2.12　桥型方案效果图（远景）

图2.13　桥型方案效果图（近景）

图 2.14　桥型方案效果图（鸟瞰）

栏杆方案采用钢栏杆 + 铸铁花板构造,每隔 3.5 m 设置花板,上面饰以"重庆八景"的镂空浮雕图案(图 2.15)。每块花板都是一幅美丽的画卷,一个动人的传说,体现了地方文化特色,也是对传统文化的致敬与传承。整体颜色采用铸件原色——铁灰色。

图 2.15　桥面栏杆效果图

第3章
高低塔单索面曲线混凝土斜拉桥设计

3.1 概 述

原设计主桥孔跨布置为:60 m+160 m+330 m+95 m,P25 号辅助墩基础施工中发现辅助墩墩位与城市天然气主管道位置相隔只有 50 m,不满足相关规范要求。由于天然气管道改迁存在技术、时间以及对城市居民用气影响等诸多问题,将 P25 号辅助墩向高塔方向平移 15 m,并经通航论证,最终主桥孔跨布置为:75 m+145 m+330 m+95 m,如图 3.1 所示。

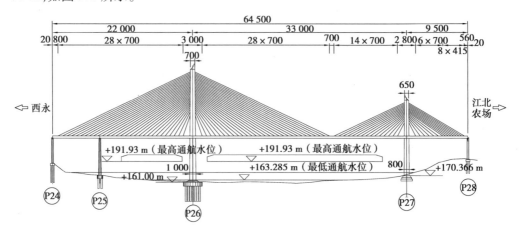

图 3.1 主桥桥式布置总图(单位:cm)

主桥采用高低塔中央索面混凝土梁斜拉桥,全长 645 m,桥面宽 32.5 m,高低塔均采用塔墩梁固接。主梁为单箱三室混凝土截面,斜拉索采用无黏结钢绞线斜拉索,中央索面,呈扇形布置,箱梁上标准索距为 7 m,高塔上索距为 2.0 m,矮塔上索距为 1.8 m。主塔采用长方形独柱式结构,高低塔塔柱分别高 108.3 m、60.3 m,高低塔塔墩分别高 66.346 m、58 m。

3.2　平纵横设计

3.2.1　平面设计

原 P27 号低塔侧 95 m 边跨位于半径为 550 m 的平曲线上,斜拉索分力对低塔产生较大的横向偏心弯矩,在恒载作用下,低塔上塔柱根部横向弯矩为 13 000 kN·m,在塔顶产生约 17 cm 的横向位移,对结构受力及变形很不利。

为减少低塔横向偏心弯矩,经分析研究,在满足《重庆市城市道路交通规划及路线设计规范》(DBJ50-064—2007)的前提下,将低塔边跨侧线路中心线平曲线半径由 550 m 改为 430 m,直线与圆曲线之间设置长度为 60 m 的缓和曲线。经调整后计算,在恒载作用下,低塔塔柱根部横向弯矩为 24 000 kN·m,在塔顶产生约 2.7 cm 的横向位移,结构受力及变形大大改善。

按照规范要求,在圆曲线范围内设超高,根据设计速度为 60 km/h,考虑超高渐变率等因素,圆曲线超高取 2% 的超高坡度,同时在重庆双碑嘉陵江大桥东引道左幅上桥路面设置多条减速带,以控制上桥车辆速度,利于安全。

最终主桥平面线形为:主桥起止点里程为 K8+100—K8+745,全长 645 m;其中,K8+100—K8+684.43 位于直线上,K8+684.43—K8+744.43 位于缓和曲线上($A=160.624, L=60$ m),K8+744.43—K8+745 位于半径为 430 m 的圆曲线上(图 3.2)。

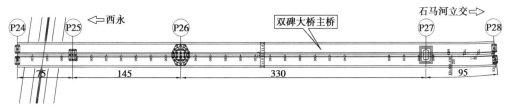

图 3.2　主桥平面布置图(单位:m)

3.2.2　纵断面设计

综合考虑排水、景观等因素,主桥采用双向 1.0% 人字坡,坡顶设半径为 17 000 m 的竖曲线。

3.2.3　横断面设计

主梁采用整幅布置,桥面全宽 32.5 m,设 2% 双向横坡,桥面布置为:2.0 m(人行道)+0.5 m(路缘带)+3×3.5 m(车行道)+0.5 m(路缘带)+5.5 m(中央分隔带)+0.5 m(路缘带)+3×3.5 m(车行道)+0.5 m(路缘带)+2.0 m(人行道)= 32.5 m,如图 3.3 所示。

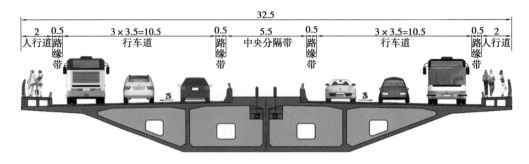

图 3.3　主桥横断面布置图(单位:m)

3.3　塔梁支承体系

3.3.1　前期方案阶段体系研究

塔梁之间的支承体系主要有 3 种类型:半漂浮体系,高塔塔梁固接、低塔竖向支承,塔墩梁全固结,如图 3.4 所示。

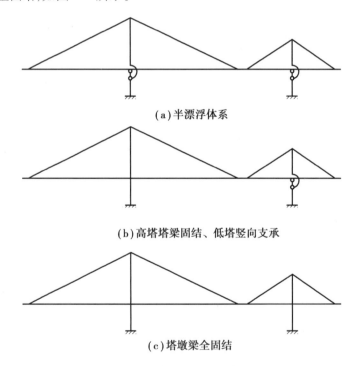

(a)半漂浮体系

(b)高塔塔梁固结、低塔竖向支承

(c)塔墩梁全固结

图 3.4　塔梁支承体系示意图

通过改变塔梁之间的支承条件,研究结构在活载及温度荷载作用下的力学行为差异。分析的结果如表 3.1 至表 3.4 及图 3.5 至图 3.10 所示。

表 3.1　不同支承体系活载位移对比表

支承体系	活载位移（mm）					
	跨中最大挠度		高塔塔顶水平位移		低塔塔顶水平位移	
	上挠	下挠	左移	右移	左移	右移
纵向半漂浮	32	−198	−42	73	−60	34
仅高塔与梁固结	30	−196	−15	52	−38	13
塔墩梁全固结	25	−188	−11	44	−37	13

表 3.2　不同支承体系活载弯矩对比表

支承体系	活载弯矩（kN·m）							
	梁上弯矩				塔上弯矩			
	梁与高塔相交处		跨中		高塔塔根处		低塔塔根处	
	最大	最小	最大	最小	最大	最小	最大	最小
纵向半漂浮	1 839	−32 559	37 796	−11 180	97 607	−45 652	59 758	−100 682
仅高塔与梁固结	1 120	−42 606	35 694	−8 882	117 473	−61 212	33 513	−70 273
塔墩梁全固结	3 512	−47 680	35 073	−8 795	52 402	−67 490	34 822	−30 899

表 3.3　不同支承体系温度作用弯矩对比表

支承体系	主梁弯矩（kN·m）		塔根弯矩（kN·m）	
	梁与高塔相交处	主跨跨中	高塔	低塔
纵向半漂浮	−18 937	10 398	−22 350	11 715
仅高塔与梁固结	−24 503	11 938	−6 477	67 383
塔墩梁全固结	−46 685	9 544	−570 423	432 627

表 3.4　不同支承体系荷载组合弯矩对比表

支承体系	荷载组合弯矩（kN·m）							
	梁上弯矩				塔上弯矩			
	梁与高塔相交处		主梁跨中		高塔塔根处		低塔塔根处	
	最大	最小	最大	最小	最大	最小	最大	最小
纵向半漂浮	−16 369	−163 305	84 196	−48 744	333 450	−49 590	−11 999	−338 163
仅高塔与梁固结	−21 052	−200 855	82 351	−47 826	375 082	−61 564	45 194	−395 706
塔墩梁全固结	50 717	−185 599	79 752	−43 310	2 473 346	842 273	−624 426	−1 787 319

注：表中荷载组合弯矩包含恒载（收缩、徐变）、活载及温度最不利组合效应。

通过表3.1~表3.4及图3.5~图3.10分析对比可知,采用体系3(高低塔塔墩梁全固结)结构体系刚度相对最大,但主塔在恒载(收缩、徐变)、温度荷载作用下的塔根弯矩较大;运营阶段荷载组合下,高塔及低塔塔底弯矩较大,塔柱存在较大的拉应力,基础规模也较大。采用体系1(高低塔纵向半漂浮)时,主梁跨中及主塔塔顶的活载位移最大,梁与桥塔相交处的主梁弯矩较小,主梁跨中弯矩相对较大;由于结构的温度内力较小,运营阶段塔根弯矩较小,基础规模也最小。采用支撑体系方案2(高塔塔梁固结、低塔竖向支承)时,结构整体刚度处于体系1与体系3之间,且结构的温度效应并不大,运营阶段塔根弯矩与体系1相差不大,基础规模较小。

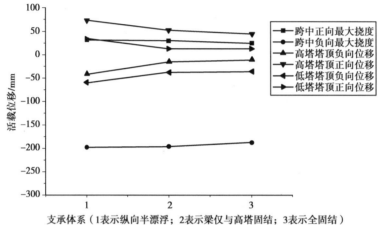

图3.5　不同支承体系活载位移折线图

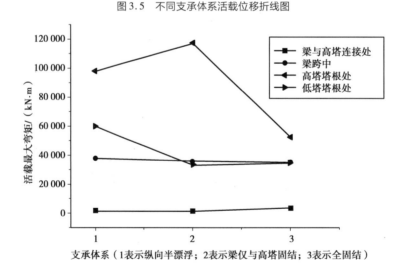

图3.6　不同支承体系活载最大弯矩折线图

体系方案2与体系方案1在结构静力力学特性方面相差不大。在动力力学特性方面,由于体系方案1结构振动周期长,地震效应较小,当体系方案2低塔塔梁相交处安装阻尼装置后,高低塔的地震响应与体系1基本相当。从便于施工角度出发,高塔塔墩梁固结对主梁悬臂施工较为有利,不须设置临时固结措施,减少体系转换的次数,可以加快施工进度。

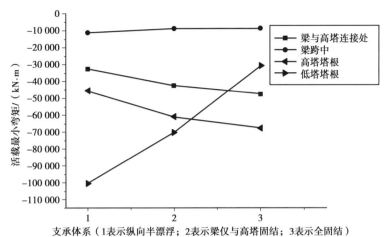

图 3.7　不同支承体系活载最小弯矩折线图

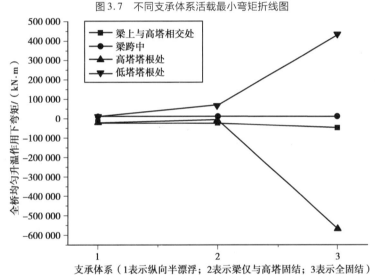

图 3.8　不同支承体系均匀升温弯矩折线图

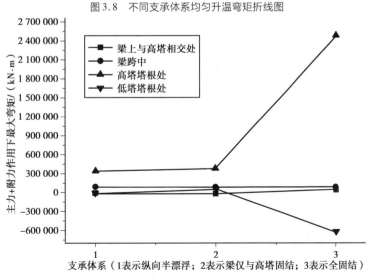

图 3.9　不同支承体系主力+附力作用下最大弯矩折线图

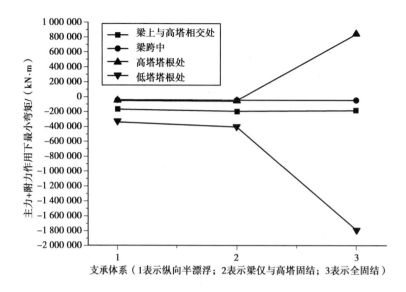

图 3.10　不同支承体系主力+附力作用下最小弯矩折线图

综上所述,本阶段主桥拟采用高塔塔梁固结、低塔竖向支承方式。

3.3.2　设计阶段体系优化

如前所述,在前期方案研究阶段,主桥采用支撑体系 2(高塔塔梁固结、低塔竖向支承),结构整体刚度处于体系 1 与体系 3 之间,结构的温度效应不大,运营阶段塔根弯矩相对较小,基础规模较小。

在初步设计阶段,考虑本桥为 330 m 中央索面混凝土斜拉桥,且矮塔边跨位于曲线段,为增加体系整体刚度,避免矮塔墩梁交接处主梁需局部开洞,受力复杂,构造难处理,经研究,最终采用体系 3(高低塔塔墩梁全固结)。同时,为减少主塔在收缩、徐变、温度、汽车荷载作用下的塔根弯矩,在下塔墩中间设 20 cm 的缝,将下塔墩一分为二,既减小塔墩的抗推刚度,又对塔墩整体外形影响不大。通过计算、分析,采用下塔墩中间设缝的体系 3 可大大减少塔根弯矩及基础规模。此外,从便于施工角度出发,高低塔塔墩梁固结对主梁悬臂施工较为有利,尤其是对位于曲线段的矮塔侧,不须设置临时固接措施,可以减少施工风险、加快施工进度、改善主梁局部受力。

为减少主梁收缩徐变对主塔墩受力的不利影响,除采用下塔墩中间设 20 cm 的缝减少塔墩梁固结体系的抗推刚度外,还在主跨合龙前于合龙口顺桥向预顶 1 200 t 力作为改善结构受力的措施。在运营阶段,主塔内力包络图如图 3.11 至图 3.14 所示,图中内力单位为 kN、kN · m。

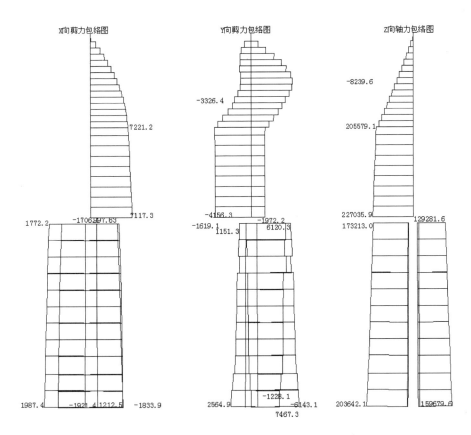

图 3.11　低塔运营阶段主塔内力包络图（剪力、轴力）

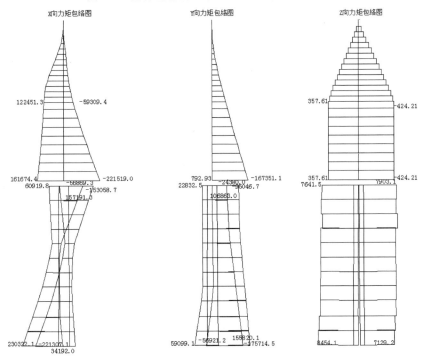

图 3.12　低塔运营阶段主塔内力包络图（弯矩）

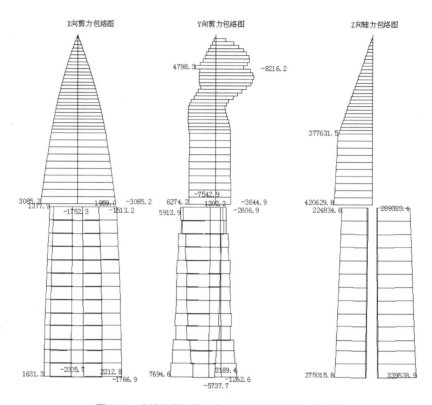

图 3.13　高塔运营阶段主塔内力包络图（剪力、轴力）

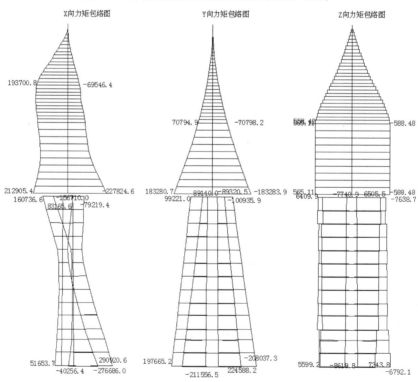

图 3.14　高塔运营阶段主塔内力包络图（弯矩）

综上所述,最终主桥采用塔墩梁全固结体系。两辅助墩及边墩每墩设置两个竖向支座,且设有横向抗风支座,分别约束主梁横桥向线位移和竖向线位移及绕桥轴线转动的角位移。

3.4　结构设计

3.4.1　主塔基础

1)P26 号高塔基础

(1)结构布置

P26 号高塔墩位于主河床,水深随季节变化大。覆盖层较薄,基本上是以卵石土为主,下伏基岩为砂质泥岩,钻孔灌注桩基础穿透能力强,施工进度快,能承受较大的垂直和水平荷载。

高塔基础采用 24 根 ϕ2.5 m 钻孔灌注桩,桩基呈梅花形布置,纵向 9 排、横向 6 排,纵向行距为 2.5 m、横向行距为 4.5、5 m;桩底标高为 132.00 m,桩长 23.0 m;桩底持力层为微风化砂质泥岩,单轴饱和抗压强度不小于 8.1 MPa(图 3.15)。

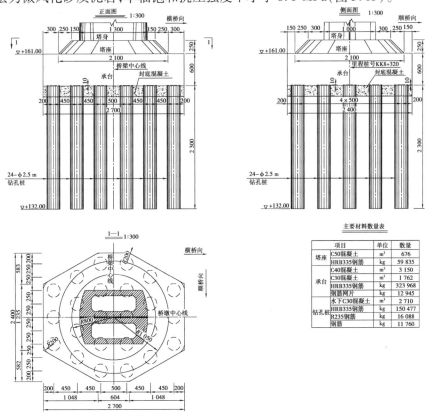

图 3.15　P26 号高塔基础结构图

结合桩基布置形式,承台采用八边形,横向总长 27 m,纵向总宽 24 m。按照通航论证及防洪报告中的建议,承台顶置于河床面以下,标高为 +161.00 m,承台厚 6 m,采用 C40 混凝土。为改善承台、塔底受力,在承台顶设 2.5 m 高的台式塔座。

高塔基础施工采用双壁钢围堰,围堰内径为 29.5 m,承台顶位于河床面以下,承台施工完成后承台顶面以上的围堰将切割掉,顶面以下的围堰将留下来,承台与围堰之间存在较大间隙。考虑围堰安全度洪以及承台永久防护,在围堰和承台之间的间隙填充 C30 混凝土(填充混凝土数量为 951 m³),与承台及围堰形成整体作为永久防护。

(2)检算结果

高塔承台底组合内力及单桩承载力检算如表 3.5、表 3.6 所示。

表 3.5　高塔承台底组合内力表

荷载组合	$N(\text{kN})$	$Q_纵(\text{kN})$	$M_纵(\text{kN}\cdot\text{m})$	$Q_横(\text{kN})$	$M_横(\text{kN}\cdot\text{m})$
主力组合	630 473	−6 181	−563 865	−213	7 557
主力+附加力组合	632 407	−13 454	−1 035 385	−4 251	129 779
成桥恒载+偶然荷载(船撞)	629 138	−6 300	−501 561	−26 987	1 055 712

表 3.6　单桩承载力检算表

荷载组合	$N_{\max}$(桩底)(kN)	容许承载力(kN)
主力组合	35 848	45 094
主力+附加力组合	41 909	56 366
偶然组合	42 436	63 130

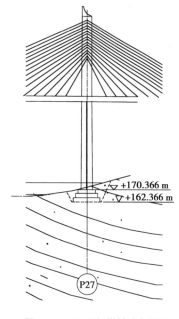

图 3.16　P27 号矮塔基础立面图

2)P27 号矮塔基础

(1)结构布置

P27 号低塔墩位于岸边,覆盖层较薄,下伏基岩为厚度 17 m 左右的中风化砂岩,单轴饱和抗压强度为 25.7 MPa。通过计算分析,考虑施工方便、造价经济,低塔采用明挖扩大基础。基础顶面高程为 170.406 m,总高 8 m,分为 3 层,层高为 2.5 m+2.5 m+3 m,最底层基础平面尺寸为 18 m×23 m,采用 C40 混凝土;基底标高为 162.406 m,桩底持力层为中风化砂岩(图 3.16、图 3.17)。

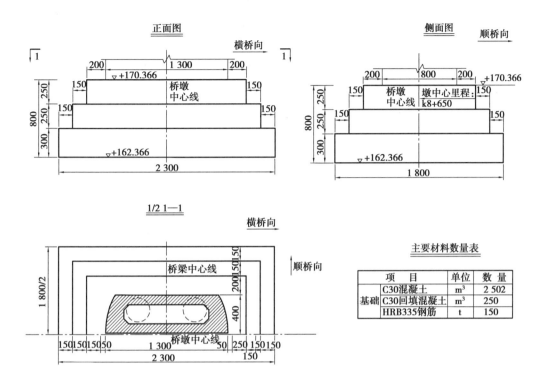

图 3.17　P27 号矮塔基础结构图

（2）检算结果

P27 号矮塔基础检算如表 3.7 至表 3.11 所示。

表 3.7　计算地基承载力组合

荷载组合	竖向力 （kN）	纵向水平力 （kN）	纵向弯矩 （kN·m）	横向水平力 （kN）	横向弯矩 （kN·m）
恒载+汽车活载+人群	460 574.4	2 929.1	166 962.8	633.2	325 201.3
	455 129.9	6 731.0	281 686.2	592.9	147 820.1
	451 368.1	6 452.5	253 391.5	687.2	181 590.8
恒+活+制动+体系温度+ 纵向有车风+流水压力	456 130.4	13 158.6	667 266.2	2 386.8	190 880.4
恒+活+体系温度+横向极限 风+流水压力	444 392.6	10 148.7	447 519.2	6 398.2	481 449.6
恒+活+纵向船撞+流水压力	455 129.9	16 081.0	571 760.6	2 328.2	186 604.0
恒+活+横向船撞+流水压力	451 368.1	6 452.5	253 391.5	21 122.5	800 523.4

表3.8 按承载能力极限状态计算进行组合

荷载组合		竖向力（kN）	纵向水平力（kN）	纵向弯矩（kN·m）	横向水平力（kN）	横向弯矩（kN·m）
基本组合	恒+活+制动+体系温度+纵向有车风+流水压力	553 905	16 254	796 418	2 130	222 563
	恒+体系温度+横向极限风+流水压力	544 748	12 822	565 272	7 834	598 037
船撞组合	恒+活+纵向船撞+流水压力	413 469	15 770	547 084	2 296	181 864
	恒+活+横向船撞+流水压力	411 141	6 242	240 958	21 051	781 922

表3.9 计算基底承载力

工况	不考虑浮力		考虑浮力	
	最大基底应力(kPa)	最小基底应力(kPa)	最大基底应力(kPa)	最小基底应力(kPa)
1	1 451.8	773.2	1 361.0	682.3
2	1 419.3	779.4	1 328.4	688.5
3	1 408.7	771.8	1 317.8	681.0
4	1 759.3	444.2	1 668.4	353.4
5	1 737.1	409.7	1 646.2	318.9
6	1 677.3	521.4	1 586.4	430.6
7	1 798.7	381.8	1 707.8	291.0

注:持力层为中风化的砂岩,其容许承载力为3 000 kPa,基底应力满足要求。

表3.10 基底抗滑安全系数验算

荷载组合	竖向力(kN)	水平力(kN)	抗滑安全系数
1	553 905	16 254	13.63
2	544 748	12 822	16.99
3	413 469	15 770	10.49
4	411 141	21 051	7.81

注:按承载能力极限状态组合,同时考虑水浮力。基底为硬质岩,摩擦系数按规范偏安全取0.4。基底抗滑安全系数满足要求。

表 3.11　基础抗倾覆安全系数验算

荷载组合	竖向力（kN）	弯矩（kN·m）	抗倾覆安全系数
1	422 959.7	325 201.3	14.96
2	417 515.1	281 686.2	13.34
3	413 753.3	253 391.5	14.70
4	418 515.7	667 266.2	5.64
5	406 777.8	447 519.2	8.18
6	417 515.1	571 760.6	6.57
7	413 753.3	800 523.4	4.65

注：基础抗倾覆安全系数满足规范要求。

3.4.2　超小间距双肢墩柱主塔

1）主塔结构

上塔柱为变截面钢筋混凝土结构，单箱单室，C50 混凝土，高塔塔柱高 108.3 m，截面外轮廓为 7 m×4.5 m ~ 8.795 m×5.0 m；矮塔塔柱高 60.3 m，截面外轮廓为 6.5 m×4.5 m ~ 7.215 m×5.0 m。其中，索塔锚固区顺桥向壁厚 1.5 m，侧壁厚 0.8 m。

由于采用塔墩梁固接体系，为减少主塔的水平推力刚度，从而减少徐变及温度效应，下塔墩采用两个分离式双肢墩柱。为不影响主塔整体造型，两者顺桥向净距为 0.2 m。每个塔墩均为单箱单室变截面钢筋混凝土结构。高塔塔墩高 66.346 m，截面外轮廓顶部为 9 m×8.857 m，根部为 13 m×10 m；矮塔塔墩高 58 m，截面外轮廓顶部为 9 m×7.262 m，根部为 13 m×8 m（图 3.18）。

2）高塔计算结果

高塔计算结果如表 3.12、图 3.19 所示。

表 3.12　高塔塔柱截面强度检算结果

单元	截面	荷载号	N（kN）	M（kN·m）	安全系数
47	I 端	1	525 409.2	337 641.5	1.16
47	I 端	2	73 016.77	2.578	9.85
47	J 端	1	528 427.3	353 176.1	1.20
47	J 端	2	75 531.8	−12.167	10.00

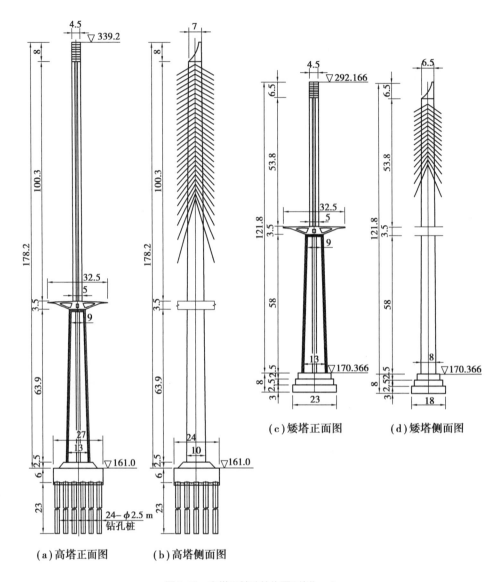

（a）高塔正面图　　　　（b）高塔侧面图

（c）矮塔正面图　　　　（d）矮塔侧面图

图3.18　主塔及基础结构图（单位：m）

3）低塔计算结果

低塔计算结果如表3.13、图3.20所示。由于主桥低塔侧边跨处在曲线上，斜拉索对塔产生横向水平分力，这使塔顶产生水平变位，在成桥阶段塔顶横向水平位移达到2.7 cm。考虑混凝土徐变具有一定的离散性，为减少后期运营阶段混凝土徐变对塔横向变位的不利影响，在低塔右幅侧（曲线外侧）布置4束13-7ϕ5预应力钢绞线，布置如图3.21所示。

表 3.13 矮塔塔柱截面强度检算结果

单元	截面	荷载号	$N(kN)$	$M(kN \cdot m)$	安全系数
3	I 端	1	34 464.46	1 476.584	10.00
3	I 端	2	−6 105.124	839.112	8.76
3	J 端	1	35 568.35	2 044.229	10.00
3	J 端	2	−5 185.218	687.472	10.00

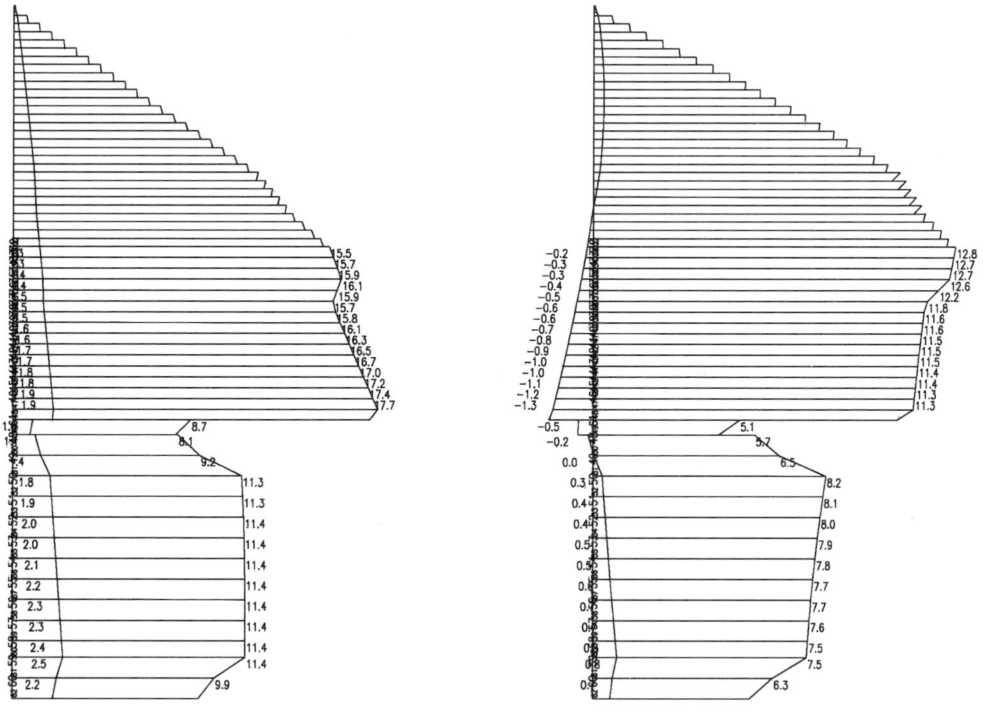

(a)塔元运营阶段上缘应力包络图　　　　(b)塔元运营阶段下缘应力包络图

图 3.19 高塔运营阶段应力包络图(单位:MPa)

3.4.3 大倾角斜腹板倒梯形箱梁断面主梁

单索面斜拉桥主梁一般采用倒梯形单箱多室结构。为达到既减少主梁自重又不降低主梁横向抗扭刚度的目的,设计采用单箱三室截面,并增加外腹板向外的倾斜率,减小主梁底板宽度,形成倒梯形截面。这种布置更加符合主梁受力特点,且外形流畅,有利于抗风。

主梁顶板宽 32.5 m,底板宽 9.0 m,梁高 3.5 m,两侧悬臂板长各 4.0 m;主跨及高塔边跨主梁标准截面顶板厚 23 cm,底板厚 30 cm,斜底板厚 22 cm,内腹板厚 50 cm,悬臂端部厚 0.26 m,根部厚 0.5 m;矮塔边跨箱梁设有压重混凝土段,其边腹板加厚至

0.35 m,底板加厚至 0.5 m(图 3.22)。

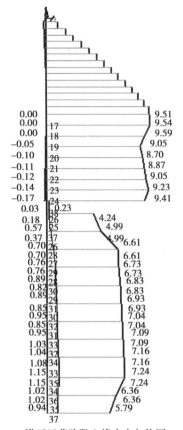

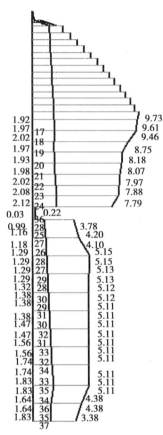

(a)塔元运营阶段上缘应力包络图   (b)塔元运营阶段下缘应力包络图

图 3.20　矮塔运营阶段应力包络图(单位:MPa)

　　为提高主梁整体刚度,每 3.5 m 设一道横梁,副横梁厚 0.30 m,斜拉索锚固所对应的主横梁厚 0.5 m。矮塔压重区横梁均加厚至 0.7 m。

　　高低塔塔墩梁交接处各设三道横梁,厚 1.0 m;辅助墩顶横梁厚 3.3 m,交接墩处端横梁厚 2.0 m。

　　主梁采用纵、横、竖三向预应力体系。纵、横向预应力束采用 $\phi^s15.2$ 钢绞线,标准强度 $f_{pk} = 1\ 860$ MPa,金属波纹管制孔,群锚锚固。竖向预应力钢束及主梁悬拼施工临时束采用 $\phi32$ 预应力粗钢筋,标准强度 $f_{pk} = 785$ MPa,金属波纹管制孔,YGM 轧丝锚固或连接器接长。

　　运营阶段主梁计算结果如图 3.23、图 3.24、表 3.14 所示。

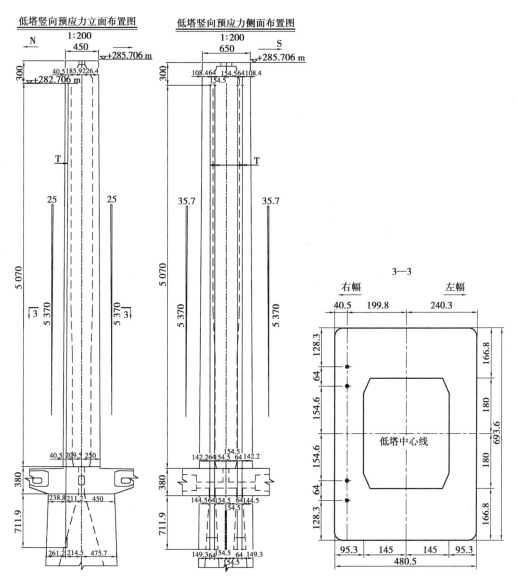

图 3.21 矮塔竖向预应力布置图(单位:cm)

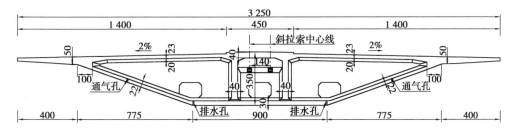

图 3.22 主梁截面图(单位:cm)

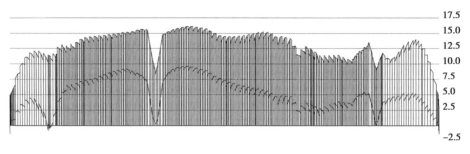

图 3.23　运营阶段主梁上缘应力包络图

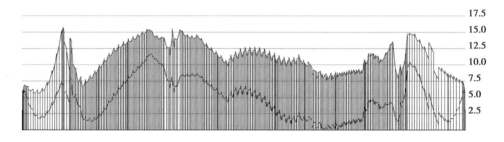

图 3.24　运营阶段主梁下缘应力包络图

表 3.14　主梁变形计算结果

分类	主梁计算挠度				竖向挠度允许值
	跨中梁横向转角(°)	跨中挠度(mm)		挠跨比	
		f_{max}	f_{min}		
中跨	0.42(等效横坡为0.73%)	22.4	-147.1	1/1 366	1/600

3.4.4　可单股抽换的镀锌钢绞线斜拉索

1)斜拉索选型

目前,国内、外斜拉桥所采用的斜拉索主要有整体安装的扭绞型平行钢丝斜拉索和分散安装的平行钢绞线斜拉索两种类型。

(1)扭绞型平行钢丝斜拉索

扭绞型平行钢丝斜拉索由 $\phi7$ 高强度镀锌钢丝组成,钢丝抗拉强度为 1 670 MPa。拉索锚具采用冷铸锚。拉索钢丝并拢经大节距扭绞,而后表面由玻璃丝布包扎定型热挤高密度聚氯乙烯和一层彩色聚氨酯;锚具采用冷铸墩头锚,以 $\phi1\sim2$ mm 的淬硬钢球、环氧树脂及其他辅料的混合物作为锚固材料;拉索在工厂大规模生产,为便于拉索盘圈运输,在工厂制造中需将索扭转 $2°\sim4°$ 的角度。扭绞型平行钢丝斜拉索全部在工厂制作完成,在现场整体安装、整体张拉。

（2）平行钢绞线斜拉索

平行钢绞线斜拉索由若干股 $\phi^s 15.2$ 低松弛高强钢绞线组成,采用的钢绞线可分为两类:一类是镀锌钢绞线,另一类是环氧涂层钢绞线。目前,国内两种钢绞线的强度均可达到 1 860 MPa。拉索锚具采用夹片式群锚。钢绞线经镀锌或喷涂环氧涂层后,外层再用 HDPE 热挤压包裹成型。PE 钢绞线索股外设高密度聚乙烯外护套管。钢绞线斜拉索的钢绞线及零部件在工厂制作完成,在现场分散逐根安装、逐根张拉形成整索。

（3）综合比较

斜拉索综合比较如表 3.15 所示。

表 3.15 斜拉索综合比较表

比较项目	扭绞型平行钢丝斜拉索	平行钢绞线斜拉索
技术成熟性	技术成熟	技术成熟
最大型号/总质量	PES7-265(拉索外径148 mm)/1 500 t	6-73(拉索外径250 mm)/1 420 t
阻尼减振系统	需特殊设计,不是成套产品	有成套产品可以选择
结构抗风性能	拉索风阻面积小,风荷载相对较小	拉索风阻面积大,风荷载相对较大,抗风振、雨振性能优于平行钢丝
材料	$\phi 7$ 高强度镀锌钢丝	$\phi^s 15.24$ 低松弛镀锌钢绞线
抗拉强度及拉索模量	钢丝极限强度为 1 670 MPa,最大应力可用到 668 MPa;拉索模量损失小,$E_s = 205\,000$ MPa	钢丝极限强度为 1 860 MPa,最大应力可用到 744 MPa;拉索模量损失大,$E_s = 195\,000$ MPa
刚度	刚度大,强度相对较低,非线性影响相对较大	刚度大,强度相对较高,非线性影响相对较小
拉索锚	采用冷铸锚,锚固性能可靠	采用夹片式群锚,注意夹片锚的疲劳强度,防止低应力下夹片松脱
抗疲劳性能	好	好
防护	镀锌钢丝+热挤高密度聚氯乙烯,拉索防护性好	镀锌钢绞线+HDPE+高密度聚氯乙烯外护套管,拉索防护性好
拉索直径	略小	略大
拉索张拉	整体张拉	分散张拉,可整体张拉

续表

比较项目	扭绞型平行钢丝斜拉索	平行钢绞线斜拉索
运输、起吊及施工要求	①需较大盘圈运输(直径不小于4 m),最大型号拉索重约2 t,起重设备要求高,可以考虑水运; ②整根一次安装和张拉; ③需要大型设备和重型千斤顶; ④顺桥向张拉空间要求大; ⑤施工难度大,但可以解决; ⑥施工周期较短; ⑦锚垫板相对较小,对锚具布置空间要求相对小	①需较小盘圈运输,起重设备要求低,安装容易,水运、陆运均可; ②可以逐根安装和张拉; ③采用轻型设备即可完成; ④顺桥向要求的张拉空间较小; ⑤现场工序较多; ⑥施工周期相对较长; ⑦锚垫板相对较大,对锚具布置空间要求相对大
替换	需大型设备,对桥面交通影响较大	只需轻型设备,可逐根钢绞线换索,对桥面交通影响较小
质量控制	工厂完成,质量控制好	零部件在工厂制作,工地组装,钢绞线下料长度易控制
养护	不需要,也不能检查;整根换索,对交通影响较大	需要,也可以检查;更换容易,对交通影响较小
造价	3 900万元	3 976万元
应用工程实例	杨浦大桥、铜陵长江公路大桥、南京长江二桥、钱塘江三桥等	青州闽江大桥、重庆马桑溪长江大桥、夷陵长江大桥、汕头宕石大桥等

从表3.15可见,两种斜拉索均可行,造价相差较小,在技术上各有优缺点,考虑运输方便和后期的拉索更换对桥面交通的影响等因素,最终采用平行钢绞线拉索。

2)斜拉索

斜拉索采用平行钢绞线拉索。索体由多股无黏结高强度平行镀锌钢绞线组成,外层装有HDPE护套管。在锚固区,钢绞线有PE导管组件防护,其端部浸泡在油脂中(不得在锚固区内裸露的钢绞线之间直接灌环氧树脂、沥青或水泥浆,使钢绞线不能单根更换)。钢绞线拉索可以单根穿索、单根张拉、单根测试检查,且可以进行单根钢绞线调索和更换。

斜拉索采用高强低松弛镀锌钢绞线,抗拉强度≥1 860 MPa,直径为15.24 mm,涂油脂或蜡并带PE护套的低松弛镀锌钢绞线(以下简称PE镀锌钢绞线)。单根PE镀锌钢绞线由7根镀锌钢丝绞成,每根钢丝间均注有油脂或蜡,整股钢绞线外挤压PE(聚乙烯)层的成型钢绞线。

斜拉索上端锚固于塔柱上,下端锚固于主梁中间两腹板之间,全桥共176根索。高塔采用29对斜拉索,矮塔采用15对斜拉索。根据受力大小共分6类,钢绞线股数分别为27、37、44、51、55、58、65、68共8种类型,均在塔上张拉。

斜拉索及其锚头、索体构造如图 3.25 至图 3.27 所示。

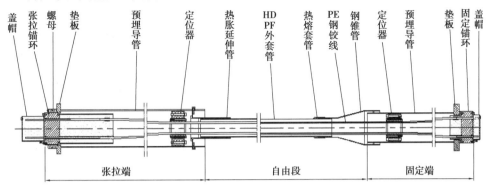

图 3.25　斜拉索构造示意图

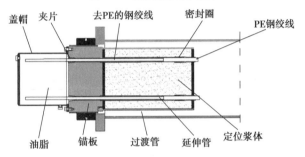

图 3.26　斜拉索锚头构造示意图

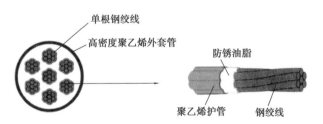

图 3.27　斜拉索索体构造示意图

成桥阶段、运营阶段斜拉索内力如图 3.28、图 3.29 所示。

图 3.28　成桥阶段斜拉索轴力图（单位：kN）

图 3.29　运营阶段斜拉索应力包络图（单位：MPa）

3.4.5　主梁施工方案研究

主桥采用60 m+160 m+330 m+95 m高低塔单索面混凝土梁曲线斜拉桥,主梁施工为关键工序。如何根据结构特点以及建桥条件来选择合适的施工方案至关重要,常用的主梁施工方案有挂篮悬浇、预制拼装。现就这两种施工方案进行综合研究比较。

1)主梁挂篮悬浇方案

①P24边墩至P25辅助墩之间70 m梁段采用常规的支架现浇法施工。

②P25号辅助墩、P26号高塔、P27号矮塔墩之间的主梁位于主河槽中,采用前支点挂篮(牵索挂篮)悬臂浇筑施工。

③P27矮塔墩至P28边墩之间95 m梁段位于缓和曲线上,P28号边墩处桥梁中心线偏移1.4 m。因此,在设计挂篮结构型式时,需考虑以下因素的影响:空间索面对挂篮构造及定位的影响、压重梁段对挂篮的强度要求、施工过程中主梁的线形控制等。

优点:采用目前常用的前支点挂篮悬浇施工,可充分发挥斜拉索作用,可减轻挂篮和已浇梁段的受力,使节段悬浇长度及承载能力大大提高。

缺点:牵索挂篮在浇筑一个节段混凝土过程中要分阶段调索,工艺复杂;挂篮与斜拉索之间的套管定位难度较大;矮塔边跨95 m位于平曲线上,给挂篮施工带来一定难度。此外,主梁为单箱三室混凝土薄壁结构,现场施工质量不易控制,后期运营过程中由于收缩徐变等因素,结构易产生裂纹等病害。

时间:正常情况下,一个斜拉索7 m节段需12天。

2)主梁预制拼装方案

结合现场水文及运输、存放条件,通过调查走访,初步选定主梁在两个地方进行预制:利用矮塔P28号边墩处主梁底下对应的长40 m标高190 m地面进行现场预制矮塔边跨主梁,主桥其余部分主梁均在重庆市南岸区广阳镇明月沱东港船舶有限公司进行预制。

①P24边墩至P25辅助墩附近110 m梁段,考虑河床面较高,位于滩涂地区,无法采用船舶运输就位,可在高程190 m处搭设一钢排架作为预制梁的摆放场,钢排架上设置运梁小车及轨道等设备,便于船厂预制好的主梁通过船舶运输至钢排架上按照吊装顺序摆放好,待主梁对称悬拼到钢排架位置时,桥面吊机直接从钢排架上起吊预制梁。

②P25号辅助墩、P26号高塔、P27号矮塔墩之间的主梁位于主河槽中,水深满足船舶运输就位条件。通过船舶将预制梁运输就位后,采用桥面吊机悬臂拼装。

③P27矮塔墩至P28边墩之间95 m梁段位于缓和曲线上,且位于岸上,不具备船舶运输条件,可在桥位现场高程190 m处靠P28号边墩侧设置40 m的预制场,预制场配备预制台座及龙门吊等设备。此外,靠矮塔侧设置40 m长的钢排架与预制场顺接,便于预制好的梁按照吊装顺序摆放。矮塔边跨主梁与中跨主梁采用桥面吊机对称悬拼。

优点:主梁全部采用预制,存放一段时间后,利用桥面吊机拼装,主梁预制质量易于控制、吊装便捷,可大大减小混凝土的收缩徐变对结构产生的不利影响。

缺点:需预制、存放及运输、就位、起吊等工序,施工战线长,协调管理工作量大。

时间:正常情况下,一个斜拉索 7 m 节段需 6 天。主梁预制吊装受水深、流速等条件控制,架梁时如遇山区特殊水文条件,则对主梁工期影响较大。

预制吊装在平原地区大江大河上应用较多,以下为一些国内已建成、至今运营良好的混凝土预制梁斜拉桥实例:

①珠海淇澳大桥,主跨为 320 m 双塔独柱式中央索面混凝土斜拉桥,桥面宽33 m,单箱三室倒梯形主梁结构,预制吊装,1999 年建成。

②福州三县洲闽江大桥,主跨为 238 m 混凝土独塔中央索面斜拉桥,桥面宽30 m,单箱三室倒梯形主梁结构,预制吊装,施工周期:1996 年 12 月—1999 年 4 月,共30 个月。

③宜昌夷陵长江大桥,主跨为 2×348 m 三塔单索面混凝土斜拉桥,桥面宽23.0 m,单箱三室倒梯形主梁结构,预制吊装,施工周期:1998 年 11 月—2001 年 10 月,共36 个月。

3)主梁预制拼装的必备条件

主梁常用挂篮悬浇法施工,对外部条件要求较少。主梁采用预制吊装,需要外部条件相对较多,需研究预制吊装的可行性,故着重对预制吊装所要求的预制场、下河码头以及船运、吊装等必备条件逐一进行调研。

(1)主梁预制场及下河码头条件

如前撰述,主梁预制场需两块:一是在矮塔边跨标高 190 m 处地面设 40 m×32.5 m 的现场预制场,此预制场只预制、存放矮塔边跨长 80 m 主梁(共 29 片);其余长 493.5 m 主梁(共 141 片,每片尺寸为 28.5 m×3.5 m×3.5 m)需选择一船厂预制、存放(其中,边跨~辅助墩处 28 片主梁船运至现场钢排架上存放)。

经了解,重庆菜园坝长江大桥、重庆朝天门长江大桥均租用过位于重庆市南岸区广阳镇明月沱的重庆东港船舶产业有限公司(简称东港船舶公司)的场地进行钢梁拼装运输工作(图 3.30)。经调研,东港船舶公司具备桥梁所需 141 片主梁预制、存放场地要求以及预制梁下河运输轨道及码头,只需对场地进行局部改造(包含预制台座、拼装龙门吊、轨道改造、准备运梁小车及运梁槽驳等)。

(2)预制梁运输、定位条件

从东港船舶公司下河码头开始,采用铁驳、拖轮装载预制梁,沿长江逆流而上,穿过重庆大佛寺长江大桥、重庆朝天门长江大桥,到达两江汇合处再沿嘉陵江逆流而上,沿途穿过重庆黄花园嘉陵江大桥、重庆牛角沱嘉陵江大桥、重庆渝澳嘉陵江大桥、重庆嘉华嘉陵江大桥、重庆石门嘉陵江大桥、重庆高家花园嘉陵江大桥,最终到达重庆双碑嘉陵江大桥桥址,河道路程长约 50 km,需要 6 h。

重庆双碑嘉陵江大桥预制主梁共 141 片,每片重约 230 t,采用 4 套运输船舶,结合水深条件(大于3 h)及定位条件(水流2 m/s),在前后运输时间8个月内服从调度安排,保证工程进度需要。

图3.30　主梁预制场与重庆双碑嘉陵江大桥位置关系图

(3)吊装条件

①主梁吊装节段。主桥长645 m,除71 m采用墩旁托架现浇外,其余574 m主梁均采用预制吊装。矮塔边跨长80 m主梁(共29片)在现场预制、存放。桥面吊机依次直接吊装即可。P24号~P25号辅助墩处28片主梁事先存放在钢排架上,桥面吊机直接将摆放在钢排架上的主梁依次吊装即可。主桥其余113片预制梁利用拖轮牵引铁驳船运送至水上吊装点,拖轮抛锚定位后,采用桥面吊机将预制梁块吊装上桥,如图3.31、图3.32所示。

图3.31　主梁预制吊装节段

②主梁吊装水文条件。主梁吊装的主要控制条件是吊装点的水深,每片预制梁尺寸为28.5 m×3.5 m×3.5 m,重约230 t、260 t,运输的铁驳吃水深度约2 m。因此,要求吊装点的水深大于3 m才具备吊装条件。对桥址处的水文条件及主梁吊装步骤进行了分析、研究。

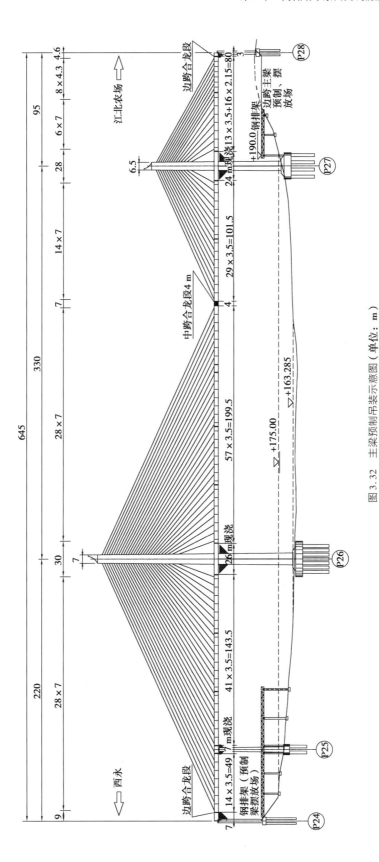

图 3.32 主梁预制吊装示意图（单位：m）

a.三峡水库调度运行方式。三峡水库提前于 2008 年 11 月 4 日完成试验性蓄水（172.8 m），2009 年是三峡工程建设工期的最后一年，力争实现三峡水库蓄水位（175 m）和三峡电站发电量达到初步设计值，工程开始转入全面运行管理阶段。

三峡水库建成后，按照防洪、发电、航运、排沙等综合效益的要求进行调度，每年 5 月末—6 月初，三峡水库坝前水位降至防洪限制水位 145 m；6—9 月，整个汛期水库维持低水位运行。当入库流量超过电站过流量时，通过泄洪闸泄洪；当入库流量超过下游河道安全泄流量时，水库蓄水拦洪，库水位高于 145 m；洪峰过后，坝前水位仍降至 145 m 运行。10 月，水库蓄水，坝前水位逐步升高至 175 m 运行（少数年份蓄水过程可延续到 11 月份）。11 月份至次年 4 月底，水库维持较高水位，电站按电网调峰要求运行；当入库流量低于电站保证出力时，动用调节库容，但 4 月末以前坝前水位不低于 155 m。

根据相关研究成果，三峡 175 m 蓄水时，长江回水至江津羊角滩，嘉陵江回水至嘉陵江北碚麻柳坪，距嘉陵江河口约 55.1 km。本桥位于嘉陵江上游 17.4 km，回水仅受 175 m 蓄水影响。在三峡 175 m—155 m—145 m 的正常运行期，桥梁河段位于回水变动区，具有天然河道和库区河道的双重特性。三峡水库于 2008 年底正常 175m 蓄水期时，桥址河段水位较天然枯水抬高 10 m 左右；在 155 m 或 145 m 运行期，桥址河段与天然情况差异不大，仅在三峡运行后期泥沙淤积导致水位有 1～3 m 的升高。

b.桥址处天然河道水文特征。嘉陵江是长江主要干流，江水自北向南流，在主城区的朝天门汇入长江，平均水面坡降 0.28‰，最大流量为 44 800 m^3/s，最小流量为 242 m^3/s，多年平均流量为 2 160 m^3/s，江面宽为 400～500m，平均流速为 0.1～6.0 m/s，平均含沙量为 2.372 kg/m^3。全年水位变化规律是：1—3 月为枯水期，6—10 月为洪水期。

天然河道枯水期水面狭窄，比降较大，主槽流速个别可超过 3 m/s，洪水期河宽增至 500 m 以上，水域宽阔，河道流速多为 1～2 m/s，通航条件较好。洪水期，嘉陵江水位主要受两江汇流比影响。若只是长江涨水，江水受其顶托，桥区河段最大流速将在 1 m/s 左右；若遇两江同时涨水，水势会较凶猛，但流速不会很大，在 2 m/s 左右；若遇长江涨幅小，嘉陵江猛涨水时，桥区河道最大流速将超过 4 m/s。

桥址下游约 2 km 的嘉陵江磁器口断面处洪水位演算成果如表 1.1 所示。2007 年桥区水位变化规律如表 3.16、图 3.33 所示。

表 3.16　嘉陵江磁器口站 2007 年水位

单位：m

月份	1 月	2 月	3 月	4 月	5 月	6 月	7 月	8 月	9 月	10 月	11 月	12 月
平均	163.27	162.69	163.16	163.56	163.74	166.92	173.25	169.00	169.80	167.57	164.00	163.50
最高	164.01	163.13	164.10	164.52	165.00	174.76	182.62	176.91	174.43	172.50	164.83	164.04
最低	162.40	161.50	161.97	162.58	162.95	164.36	166.85	165.69	165.64	164.50	163.14	162.70

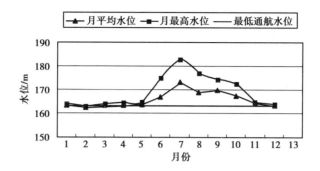

图 3.33　嘉陵江磁器口站 2007 年水位变化图

2002—2008 年平均水位如表 3.17、图 3.34 所示。

表 3.17　2002—2008 年平均水位

月份	流量(m³/s)	水位(m)	三峡成库后水位(m)
1	539	163.827	173.35
2	423	163.486	173.35
3	608	163.994	173.35
4	896	164.603	173.35
5	1 547	165.677	173.35
6	2 344	167.275	—
7	4 227	170.23	—
8	3 295	169.837	—
9	3 537	169.431	—
10	2 779	167.431	—
11	1 079	165.657	173.35
12	637	164.557	173.35

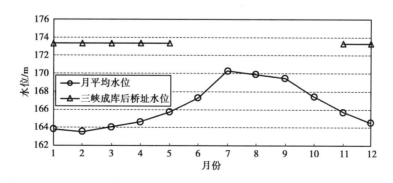

图 3.34　2002—2008 年平均水位过程线

综上分析可见,每年 11 月—次年 1 月受三峡高水位影响,桥址处水位在 168 m 以上,流速在 1 m/s 左右;每年 2—5 月属天然河道枯水期,水位在 163.5 ~ 165.7 m,流速一般小于 2 m/s;每年 6—10 月属天然河道洪水期,水位在 167.2 ~ 170.2 m,流速一般在 1 ~ 2 m/s,特殊情况下,遇嘉陵江猛涨水、长江涨水小,最大流速超过 4 m/s。

③主桥工期安排。主桥主梁采用预制拼装和悬臂浇筑的施工工期安排分别如图 3.35、图 3.36 所示。

④主梁预制吊装的水文条件及措施。从图 3.35 可以看出:高塔基础施工工期为 2009 年 1—11 月,共 11 个月;高塔塔身施工工期为 2009 年 12 月—2010 年 10 月,共 11 个月;矮塔基础施工工期为 2009 年 7 月—2010 年 2 月,共 8 个月;矮塔塔身施工工期为 2010 年 3—10 月,共 8 个月。

位于主河床主梁需提前在预制场进行预制、存放 6 个月以上,正式吊装从 2010 年 11 月份开始,将主梁吊装时间及相应水位(参考 2007 年全年水位)、河床标高等关系如图 3.37 所示。

图 3.37 中所示的月平均水位为 2007 年磁器口水文站观测资料,河床面高程线系根据提供的 1:500 水下地形图绘制。从图 3.37 中看出,主河床范围内的主梁绝大部分满足吊装要求水深大于 3 m 的条件,只是在 P24 号边墩至 P25 号辅助墩附近的 110 m 梁长范围河床面标高为大于 166.8 m;2 月份吊梁时平均水位高程在 166 m 左右,水深达不到 3 m 的吊梁要求。采取以下措施:在梁底搭设一条 110 m 长的钢排架(顶面标高为 190 m),排架上铺设运梁轨道及小车,作为预制梁的运输通道,将驳船上的预制梁吊上钢排架,通过排架运至起吊点按顺序存放。

矮塔边跨也不具备船舶运输吊装的条件,采取以下措施:在靠边墩侧标高 190 m 处地面设 40 m×32.5 m 的现场预制场,作为矮塔边跨长 80 m 主梁(共 29 片)的预制场。预制场配备预制台座及龙门吊等设备。此外,靠矮塔侧设置 40 m 长的钢排架与预制场顺接,便于预制好的梁按照吊装顺序存放。

全桥钢排架共 150 m(含运梁车、轨道、起吊设备)。矮塔边跨现场预制场 1 座(含场地平整、台座、运梁设备)。此外,经对现场高塔基础施工情况进行调查,现河床面标高比原来提供的 1:500 地形图要高 1 m 多,有可能是新沉积下来的覆盖层。为便于预制吊装,考虑利用枯水期进行清淤。

4)综合比较及推荐

在主桥其他结构形式相同的条件下,针对主梁两种结构形式,从经济性、工期保障以及后期运营等方面综合比较如表 3.18 所示。

施工工期（月） 工作内容		2009年												2010年												2011年											
		1	2	3	4	5	6	7	8	9	10	11	12	1	2	3	4	5	6	7	8	9	10	11	12	1	2	3	4	5	6	7	8	9	10	11	12
施工场地布置、四通一平等准备工作		▬	▬	▬																																	
高塔	钻孔桩施工			▬	▬	▬	▬	▬	▬																												
	承台施工								▬	▬	▬	▬																									
	塔身及主梁0号块现浇施工												▬	▬	▬	▬	▬	▬	▬	▬	▬	▬	▬	▬													
	110 m边跨预制场预制及现场钢排架搭设												▬	▬	▬	▬																					
	110 m边跨预制梁船运至现场钢排架上存放																		▬	▬	▬																
	主河槽预制梁并存放6个月																				▬	▬	▬	▬													
	主梁悬臂架设，张拉斜拉索																						▬	▬	▬	▬	▬	▬									
矮塔	钻孔桩施工							▬	▬	▬	▬	▬																									
	承台施工												▬	▬	▬																						
	塔身及主梁0号块现浇施工													▬	▬	▬	▬	▬	▬	▬																	
	80 m边跨现场预制、摆放													▬	▬	▬																					
	主河槽预制梁并存放6个月																▬	▬	▬	▬	▬																
	主梁悬臂架设，张拉斜拉索																							▬	▬	▬	▬	▬									
辅助墩	钻孔桩施工							▬	▬	▬																											
	承台施工										▬	▬																									
	墩身及墩顶0号梁段现浇施工											▬	▬																								
现浇主梁中跨合龙段，主桥贯通																											▬										
桥面及附属工程																												▬	▬	▬	▬	▬	▬	▬			
静动载试验																																			▬		

图 3.35　主桥主梁采用预制拼装时的施工工期安排

施工工期（月）	2009年											2010年												2011年												2012年			
工作内容	1	2	3	4	5	6	7	8	9	10	11	12	1	2	3	4	5	6	7	8	9	10	11	12	1	2	3	4	5	6	7	8	9	10	11	12	1	2	3	4
施工场地布置、四通一平等准备工作																																								
高塔	钻孔桩施工																																							
	承台施工																																							
	塔身及主梁0号块现浇施工																																							
	70 m边主跨混凝土主梁鹰架施工																																							
	主梁挂篮悬臂浇筑，张拉斜拉索																																							
矮塔	钻孔桩施工																																							
	承台施工																																							
	塔身及主梁0号块现浇施工																																							
	主梁挂篮悬臂浇筑，张拉斜拉索																																							
现浇主梁中跨合龙段，主桥贯通																																								
桥面及附属工程																																								
静动载试验																																								

图 3.36 主桥主梁采用悬臂浇筑施工工期安排

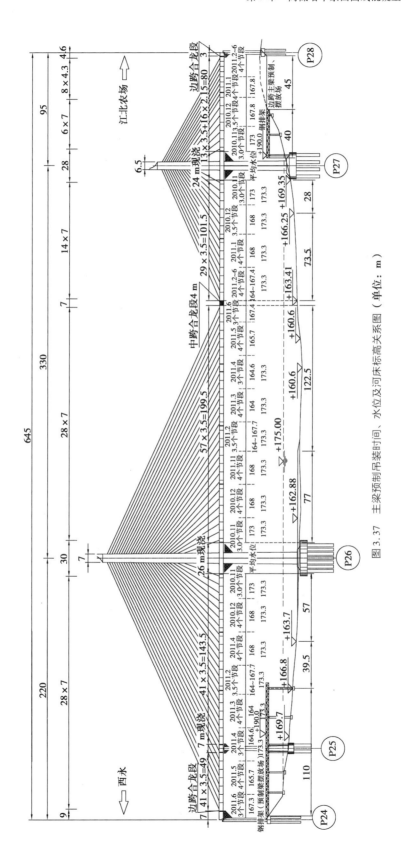

图 3.37　主梁预制吊装时间、水位及河床标高关系图（单位：m）

表 3.18　主梁施工方案综合比较表

方案描述	方案一:预制梁(574 m 长主梁预制悬拼施工、其余 71 m 主梁墩旁托架现浇)			方案二:现浇梁(518 m 长主梁挂篮悬浇施工、70 m 高塔边跨支架现浇、其余 57 m 主梁墩旁托架现浇)		
主梁工程数量	C55 混凝土(m³)	现场预制	2 600	C55 混凝土(m³)	支架现浇	2 160
		船厂预制	16 268		挂篮现浇	16 708
	铁砂混凝土(m³)		880	铁砂混凝土(m³)		880
	钢筋(t)		3 775	钢筋(kg)		3 775
	预应力钢绞线(t)		535	预应力(kg)		585
	热轧无缝钢管(t)		260	热轧无缝钢管(t)		260
	φ32 精扎螺纹钢筋(t)		155	φ32 精扎螺纹钢筋(t)		155
其他工程数量主要差别	主塔钢筋(t)		2 381	主塔钢筋(t)		2 581
	主塔承台钢筋(t)		671	主塔承台钢筋(t)		738
质量保障	固定模板预制场现浇,易于检查、控制			受外界影响因素较多,不易监督、管理		
主桥工期	一般 6 天一个 7 m 节段,考虑水文条件影响,按 8 天编排,主桥工期为 36 个月			一般 12 天一个 7 m 节段,主桥工期为 40 个月		
工程运营风险	国内外已建成工程实例较多,运营至今出现的问题较少,工程风险较小			国内外已建成工程实例很多,运营过程中出现开裂现象的不少,需加强工程质量监督、管理,控制工程后期运营风险		
主梁建筑安装费	9 227 万元(指标:4 890 元/m³)			7 984 万元(指标:4 231 元/m³)		

5)实施方案

①经过以上对预制梁和现浇主梁两种不同施工方案的研究,两种方案均可行。

②现浇梁建筑安装费为 7 984 万元,工期为 40 个月,工期受水文条件(水深、流速)影响较小,需优选施工队伍,加强现场施工监督和管理,控制后期运营风险。

③预制梁建筑安装费为 9 227 万元,工期为 36 个月,工期受水文条件(水深、流速)影响较大,施工战线较长,协调、管理工作量大,主梁质量易于控制,后期运营风险较小。

④预制梁吊装受水文条件影响较大,编排工期时考虑该因素的影响(常规 6 天/7 m,按 8 天/7 m 考虑)。如施工时水文条件比预设的好,则总工期还可提前;如遇特殊情况(枯水期吊梁、洪水期没有水或水流速太大等),则总工期可能滞后。

⑤从建筑安装费比较,预制梁比现浇梁多花费 13%,理论上预制梁可提前 4 个月,但整个双碑隧道和重庆双碑嘉陵江大桥工程控制工期的是双碑隧道。

⑥综合考虑各种因素,最终推荐采用挂篮悬浇施工法。

第4章
超小间距双肢墩柱整体模板施工技术

4.1 概　述

重庆双碑嘉陵江大桥主桥为高低塔单索面斜拉桥,塔柱位于桥梁主梁中轴线上,为塔梁固结体系,主梁将塔柱分割为上塔墩和下塔墩,高低塔柱形似两座方尖碑,与"双碑"地名和双碑地形完美结合,是一座非常漂亮的城市桥梁。在下塔墩设计上,为避免上、下塔墩结构外形相差太大,又能保证下塔墩的柔度,下塔墩顺桥向设计为两个分离式塔墩(顺桥向间距仅为20 cm),每个墩均为单箱单室变截面钢筋混凝土结构,在墩底部和墩顶部的2 m范围内连为整体。由于双肢墩间间隙较小,远观时间隙不明显,与下塔墩横断面上的竖向凹凸造型十分类似,达到美观的效果。下塔墩构造如图4.1所示。

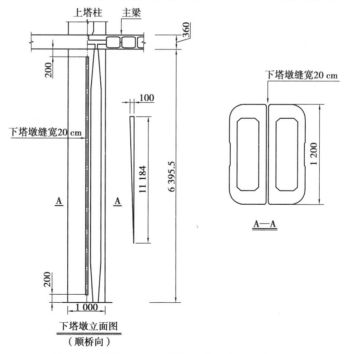

图4.1　下塔墩小间距双肢墩顺桥向结构图(单位:cm)

一般连续刚构桥双肢薄壁墩,墩间间隙均在 1 m 以上,满足单独设置模板支架的操作空间。重庆双碑嘉陵江大桥主桥下塔墩将双肢墩柱间隙减小至 20 cm,减少了墩柱和承台总体尺寸,增加了墩柱的柔性,使桥梁墩柱更美、更省,但墩间间隙小于模板安装空间时,将会对施工造成较大的困难。针对类似超小间距的双肢墩柱施工,如何安全、优质、节省、快速地完成施工是一个难题。

在重庆双碑嘉陵江大桥主桥下塔墩施工过程中,施工单位和科研单位共同开展了相关技术研究,研发了一种桥梁施工超小间距双肢墩柱整体模板,并总结形成了一种桥梁超小间距双肢墩柱施工工法。该模板体系结构简单,操作简便,安全可靠,成本低,效率高,施工后结构外观质量好,在重庆双碑嘉陵江大桥两个主墩施工中成功应用,取得了较好的效果。

4.2 施工方法

4.2.1 方案比选

对于重庆双碑嘉陵江大桥主塔墩的施工,施工单位查阅了相关资料发现,国内未见相关类似超小间距双肢墩柱施工报道。项目实施前,施工单位对 20 cm 小间距双肢墩柱施工方案进行了认真研究,提出两种方案并进行比选。

方案一:采用一次性木模板,填在双肢墩间隙中间,外侧按常规模板将双肢墩柱当作一个墩柱,进行整体施工。这种方案施工方法简单,不利之处是木模板填在间隙之间无法拆除,影响美观,同时浪费木材。

方案二:采用特制小间距模板体系进行施工。这种方案施工巧妙,除钢模板外,仅需要加工部分楔形型钢,即可满足施工要求。楔形型钢可以周转使用,工程完工后,也可按废钢材回收。

方案对比如表 4.1 所示。

表 4.1　方案比较表

序号	方案名称	简图	方案内容简介
1	方案一:一次性模板,整体施工	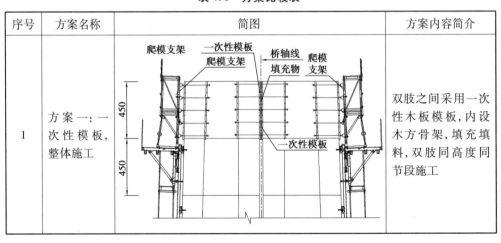	双肢之间采用一次性木板模板,内设木方骨架,填充填料,双肢同高度同节段施工

续表

序号	方案名称	简图	方案内容简介
2	方案二：特制大钢模，整体施工	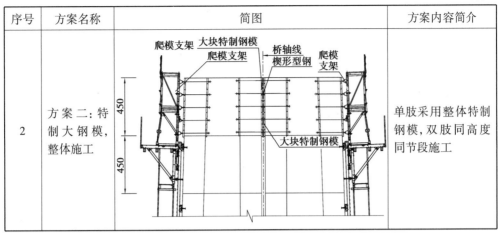	单肢采用整体特制钢模，双肢同高度同节段施工

从绿色施工方面比较，在满足施工质量、施工安全的前提下，方案二更环保、更节材。以重庆双碑嘉陵江大桥高塔、低塔两个双肢墩柱施工为例（间距为 20 cm，两墩合计高 120 m，宽约 12 m），进行经济比较分析如表4.2所示（相同的投入不比较，仅比较小间距模板部分）。

表4.2　经济效益计算表

项目	数量（2个墩）	单价（元/t 或元/m³）	总价（元）	备注
方案一	采用一次性木模填塞双肢墩柱间的小间距			
5 cm 木板	[(12×0.05×2)×60]×2＝72(m³)	2 800	403 200	一次性投入
10 cm×10 cm 木方	[(25×0.1×0.1)×60]×2＝30.0(m³)	2 800	84 000	一次性投入
合计	487 200			
方案二	采用特制钢模适应双肢墩柱间的小间距			
钢模板	[(12×4.5×2)×80]×2＝17 280(kg)	2 000	34 560	3 次摊销
I10 楔形型钢	[(12×7)×11.25]×2＝1 890(kg)	4 000	7 560	残值回收
合计	42 120			
节约成本	487 200－42 120＝445 080(元)			

注：20 cm 超小间距墩的截面情况：横向宽 12 m，高 60 m；主桥两个主墩，墩柱每节段施工 4.5 m；10 cm 木枋间距为 50 cm，竖向搁置；I10 楔形型钢按间距 75 cm 水平搁置。

通过比选，方案二优于方案一，施工项目部采用特制模板，进行超小间距双肢墩柱施工。

本方案通过技术创新，解决了超小间距双肢墩柱的施工难题，达到美观、优质、安全、节约的目的，得到业主、代理、监理、设计等单位的一致肯定，同时还节省了木材，符合绿色施工"四节一环保"的要求,具有较高的社会效益。

4.2.2 工艺原理

超小间距墩柱间隙两侧模板设正楔形(上小下大的楔形)背枋,与倒楔形(上大下小的楔形)型钢组成的超小间距模板体系,墩柱模板体系构造如图4.2所示。

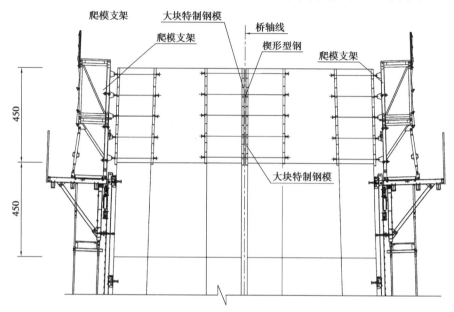

图4.2 超小间距墩柱模板系统构造图(单位:cm)

其原理如下:

①双肢墩柱除中间间隙模板外,其余模板与普通墩柱模板相同。

②根据间隙大小,中间间隙模板设计为两侧模板面板和正楔形型钢背枋,与模板面板焊接。当间隙大于10 cm时,在模板面板背后焊小角钢或槽钢形成加劲肋,再在加劲肋外侧焊正楔形型钢背枋。

③安装好模板,采用木垫块垫在中间间隙模板之间,并且对拉杆固定,然后利用倒楔形型钢,插入模板正楔形型钢背枋之间,并压紧。

④紧固模板体系、对拉杆,检查合格后,浇筑墩身混凝土。

⑤墩身混凝土养护达到拆模条件后,松脱对拉杆,拔出倒楔形型钢,采用塔吊配合安装下一节段墩身超小间距模板。

4.2.3 工艺流程

本施工方案工艺流程为:按设计图加工好模板系统→安装正常模板→安装中间间隙模板→设置中间模板间垫木和对拉杆→插入倒楔形型钢→模板成型检查→浇筑混凝土→养护→拆除对拉杆→拔出倒楔形型钢→拆除模板至下一节段。

4.2.4　施工要点

（1）小间距模板和楔形型钢设计要求

保证模板尺寸准确，与塔墩爬模其余部分模板能完全配合；模板体系应进行计算，保证模板有足够强度、刚度。根据间隙大小，中间间隙模板设计为两侧模板面板和正楔形型钢背枋，与模板面板焊接，焊缝设置满足受力要求。

（2）模板加工要求

针对小间距模板，正楔形背枋的斜度应适应于间隙宽度，斜面光滑、顺直。

①选择有较高技术装备水平和资质的钢结构加工单位进行模板制作。

②加强对模板制作各个工序的检查验收工作。模板几何尺寸符合设计要求，平整度要满足规范要求。

③模板制作完成后，采用合适的包装保护措施，防止运输过程中变形。

（3）安装中间间隙模板

根据宽度，中间间隙模板沿竖向可分为几块，单块质量满足塔吊吊装要求即可，安装应确保顺直，并与已浇筑的墩身衔接 10 cm 左右。

①安装前由测量人员对爬模模板进行精准定位。

②模板必须使用设计吊点进行吊装。

③超小间距塔身模板和其他爬模模板用定位销定位，用螺栓连接。

④两塔肢模板之间用拉杆连接并固定在内模上，拉杆孔用海绵封堵。

⑤在中间间隙设置垫木，通过对拉杆对拉，使间隙两侧模板位置相对固定。

⑥两塔肢超小间距模板上口之间采用特制钢楔楔入进行间距微调，并做固定，保证间距均匀、固定牢固。插入倒楔形型钢时，应将倒楔形型钢与模板正楔形型钢对齐，通过限位卡从中间逐次下插倒楔形型钢，全部下插到位后，人工锤击紧固。

⑦加强对模板安装过程中的检测，确保安装精度。

⑧模板安装完成后，紧固对拉杆并进行全面检查，防止模板偏位。

模板安装完成如图 4.3 所示。

图 4.3　小间距双肢墩顺桥向模板安装成型图

（4）中间模板拆除

待一节段混凝土施工完成，达到拆除条件时，进行模板拆除。对中间模板的拆除，需要通过塔吊、链条葫芦吊挂模板，先拆除拉杆，利用墩柱混凝土支撑面，采用链条葫芦拔出倒楔形型钢，然后再拆除模板。

4.3 质量控制

4.3.1 质量评定标准

①钢筋及混凝土检验项目、频率和评定标准如表4.3所示。

表4.3 钢筋及混凝土检验项目、频率和评定标准

序号	项目		检验项目	检查频率	评定标准
1	钢筋	原材料	力学性能	1组/60 t	《钢筋混凝土用钢 第2部分：热轧带肋钢筋》（GB 1499.2—2007）
2		钢筋接头	力学性能	1组/500个	《钢筋机械连接通用技术规程》（JG 5107—2010）
3	混凝土	标养试件强度	强度	1组/工作班/100盘/100 m³同强度等级混凝土	《混凝土强度检验评定标准》（GB/T 50107—2010）
4		同养试件强度	强度	1组/每层	
5		坍落度	流动性	3～5次/工作班/100 m³	《普通混凝土拌合物性能试验方法标准》（GB/T 50080—2016）（200 mm±30 mm）
6		坍落扩展度	抗离析性、匀质稳定性	3～5次/工作班/100 m³	《倒置坍落度筒检测法》（>600 mm）
7		中边差	泌水性	3～5次/工作班	≤30 mm
8		排空时间	流动性	3～5次/工作班	5～25 s

②模板安装质量标准如表4.4所示。

表4.4 模板安装质量标准

序号	检查项目	质量标准	检查方法
1	梁全长	±15 mm	尺量检查上、下部
2	梁高	+15 mm,0	尺量检查梁两端

序号	检查项目	质量标准	检查方法
3	下翼缘宽度	+10 mm,0	尺量检查梁端、1/4 跨、跨中、3/4 跨处
4	腹板厚度	+10 mm,0	
5	桥面板内、外侧偏离设计位置	+10 mm、-5 mm	
6	腹板中心偏离设计位置	10 mm	
7	底板、顶板厚度	+10 mm、-5 mm	
8	表面平整度	3 mm/m	1 m 靠尺和塞尺检查,不少于 5 处
9	端隔板厚度偏差	+10 mm、-5 mm	尺量检查,不少于 5 处
10	端模预留孔偏离设计位置	≤3 mm	尺量
11	相邻模板错台	≤2 mm	1 m 靠尺和塞尺检查
12	端模垂直度	每米高≤3 mm	吊线尺量,不少于 5 处
13	底板拱度	±2 mm	水平仪测量跨中

③钢筋加工质量标准如表 4.5 所示。

表 4.5　钢筋加工质量标准

序号	检查项目	质量标准
1	受力钢筋顺长度方向全长的净尺寸	±20 mm
2	弯起钢筋弯起位置	±20 mm
3	箍筋内边距离尺寸差	±3 mm
4	钢筋标准弯钩外形与样板偏差	±0.5 d
5	成形后钢筋不在同一平面偏差	圆钢筋≤8 mm、螺纹钢≤15 mm

注:d 为钢筋直径。

④预应力筋及钢筋绑扎质量标准如表 4.6 所示。

表 4.6　预应力筋及钢筋绑扎质量标准

序号	检查项目	质量标准
1	金属波纹管在任何方向与设计位置偏差	距跨中 4 m 范围≤4 mm、其余部位≤6 mm
2	桥面主筋间距及位置偏差	≤15 mm
3	底板钢筋间距及位置偏差	≤10 mm

续表

序号	检查项目	质量标准
4	箍筋间距及位置偏差	≤15 mm
5	腹板箍筋不垂直度(偏离设计位置)	≤15 mm
6	其余钢筋偏离设计位置	≤20 mm
7	混凝土保护层厚度与设计值偏差	+5 mm、0
8	砂浆、塑料垫块散布间距	≤1.0 m

⑤混凝土外观内控质量标准如表4.7所示。

表4.7 混凝土外观内控质量标准

序号	项目	内控标准	备注
1	空洞	深度≤40 mm、长度≤60 mm	需修整并养护到规定等级
2	平整度	每米高度内≤5 mm	—
3	蜂窝、麻面	表面深度≤10 mm、长度≤15 mm,每平方米不多于10个,可不修补	—
4	硬伤掉角	深度≤40 mm、长度≤60 mm	需修补并养护到规定等级
5	石子堆垒	无	—
6	露筋	不允许露筋	—

⑥墩外形尺寸内控质量标准如表4.8所示。

表4.8 墩外形尺寸内控质量标准

序号	检验项目	部位	要求偏差
1	平整度	墩身	4 mm
2	垂直度	墩身	4 mm
3	双肢墩间距	双肢墩间隙	±5 mm

4.3.2 质量控制要点

①主筋采用HRB400级钢筋,箍筋采用HRB335级钢筋,钢筋的强屈比不应小于1.25、屈标比不应大于1.3。

②主筋采用机械连接,机械连接接头应达到Ⅰ级接头标准,并经型式检验合格。接头加工后,用螺纹牙规逐个检查钢筋端头的加工质量。

③对墩柱主筋密集区,应加强钢筋间距控制,并加强混凝土振捣,防止混凝土不密实或不均匀。

④为抑制碱-骨料反应的有害膨胀带来混凝土开裂和强度下降现象,采取以下措施:

a. 严格选用不含碱活性物质的粗细骨料,严禁使用含白云石的粗集料和个别产地碱活性物质超标的河砂。

b. 通过硅粉与粉煤灰配掺技术,大大改善混凝土密实度,提高混凝土抗渗性能,从而有效增强混凝土耐久性。

c. 限制水泥、粉煤灰、硅粉、外加剂中碱含量,使用非碱活性骨料(即非晶态或晶化较差、不含碱活性 SiO_2 的粗细骨料),从原材料优选上防止 AAR 反应。

d. 粗骨料选用质地坚硬、级配良好的石灰岩,骨料母体岩石的立方体抗压强度符合要求。

e. 混凝土使用材料应符合设计及规范要求。混凝土搅拌时应严格计量,每盘混凝土各组成材料计量允许偏差如表 4.9 所示。

表 4.9 混凝土各组成材料计量允许偏差表

组成材料	允许偏差
水泥、掺合料	±1%
粗、细骨料	±2%
水、外加剂	±1%

f. 混凝土到达现场后,应检测坍落度、扩展度、排空时间、中边差等指标,保证混凝土的工作性能。

g. 为保证混凝土浇筑质量,浇筑混凝土时,混凝土的自由倾落高度应控制在 2 m 以内,落料高度控制在 3 m 以内。如出现分层离析现象,应降低落料高度。

h. 混凝土强度采用标养试件、同养试件、局部破损(钻芯法)试验 3 种方法相结合。对混凝土强度进行评定,其中标养试件按混凝土结构施工验收规范要求留取。

4.4 安全措施

①模板支架设计应具有足够的强度、刚度和稳定性。

②模板支架加工制作和安装质量满足设计和规范要求,对拉杆锚固牢固。

③操作平台、安全网、安全护栏按规范搭设,人员上下通道符合规范要求。

④液压提升模板前,应采用链条葫芦将双肢墩中间的模板、墩柱内模系挂在钢筋上,确保拆除过程中模板不坠落。

⑤拆模人员应系挂安全带,安全带挂点应设置在可靠位置,不可设置在待拆模

板上。

⑥液压提升模板时,应加对模板的移动锚固全过程加强观察。如发现问题或有异常响声等,应停止作业,查明原因处理后方可继续作业。

⑦若遇大风暴雨、强电雷击、通信及视线不好或特殊情况等,应停止施工。

⑧做好施工时的交接班工作,向下一班交代清楚目前模板支架现状,是否存在问题和注意事项。

⑨模架上尽量少堆放材料,清除不必要的材料、物件、混凝土渣子等。每次完成墩身节段后应做一次清洁,做到安全文明施工。

⑩应防止高空坠落物件,确保墩柱下方地面道路、构筑物和人员的安全。

第 5 章
超大 0 号块施工技术

5.1 概 述

重庆双碑嘉陵江大桥 0 号节段设计为斜腹式箱形截面,纵向长 25 m,横向(顶板)宽 32.5 m。由于单索面斜拉桥索塔位于桥中间,0 号块横桥向斜腹板形成横向索塔两侧悬臂长达 11.75 m,0 号块顺桥向悬臂长达 8 m,节段单向悬臂质量超过 600 t。相对于索塔墩,0 号块形成了双向大悬臂、高悬空的复杂条件,其施工技术难度非常大。

5.2 0 号块施工方案比选

5.2.1 技术可行性比选

针对重庆双碑嘉陵江大桥主桥 0 号块双向大悬臂的情况,施工单位汇报设计、监理等相关单位进行施工技术研究,以期找出技术可行、成本低、施工速度快的施工技术方案。

本桥施工设计图推荐采用全落地支架施工 0 号块,再施工完 1 号块,预应力张拉、1 号斜拉索挂索后才能拆除 0 号块全落地支架。

如果采用这种全落地支架,施工 1 号块时,支架不能拆除,对施工 1 号块的挂篮安装是一个难题。其次,斜拉桥梁体底面为水域,且 0 号块梁底距承台顶高达 64 m,采用落地支架对支架基础的设置是个难题,施工困难,成本巨大,且安全隐患多。

采用墩顶吊架方案,施工工艺较为复杂,成本也较高。相比之下,将 0 号块纵向拆分为悬臂段+墩顶段+悬臂段三段,分两次施工。第一次施工墩顶段,采用单向大悬臂的托架施工,第二次施工悬臂段采用交错布置半成形的挂篮进行施工。这样一方面简化了托架施工难度,另一方面提前拼装挂篮,利用未完全成形的挂篮平台加临时斜拉索,即可完成 0 号块第二次悬臂节段施工,有利于节约成本,并提前拼装挂篮,加快工期。0 号块施工方案对比如表 5.1 所示。

表5.1　0号块施工方案对比

方案类型	全落地支架方案（设计推荐方案）	双向大悬臂托架高空托架方案	拆分0号块，采用横向大悬臂托架+纵向交错挂篮分两次施工
方案描述	0号块纵向长25 m，悬出墩顶各8 m，横向32.5 m，悬出墩柱11.75 m，全部采用落地支架施工	0号块纵向长25 m，悬出墩顶各8 m，横向32.5 m，悬出墩柱11.75 m，悬臂混凝土质量超过1 200 t；考虑墩身埋设牛腿，形成双向大悬臂托架施工	将0号块纵向拆分为悬臂段+墩顶段+悬臂段三段，分两次施工。第一次施工墩顶段，采用单向大悬臂的托架施工；第二次施工悬臂段，采用交错布置半成形的挂篮进行施工
支架示意图			
安全性	高空拼装时间长，工人数量多，施工过程中人的不安全因素较多	高空拼装作业时间短，安全性好	高空拼装作业时间较短，安全性好
技术复杂性	支架施工技术简单，工艺成熟，但支架高近70 m，且基础位于水中和钢围堰位置，支架基础处理难度大	双向大悬臂托架本身承载力要求高、牛腿传力大，托架结构设计和牛腿传力设计复杂	化繁为简，将0号块分为三段二次施工，第一次采用单悬臂的托架施工，技术成熟；第二次施工悬臂段，结合后期正常节段施工的挂篮进行设计，将难题集中在挂篮上；0号块分三段，需要进行局部预应束变更
附墩预埋件	一般每隔20 m需要设置较小的附墩预埋件	墩柱顶部需要设置较大的预埋型钢牛腿	主要为横向悬臂托架设置部分预埋件
材料用量（估算）	万能杆件800 t，型钢50 t	万能杆件210 t，型钢50 t	型钢20 t，万能杆件100 t，非标准挂篮2套
工程造价	较高	较节省	节省
拼装、拆除时间	5个月拼拆（大量吊装工）	2个月拼拆	2个月拼拆，将挂篮拼拆时间提前
对挂篮施工的影响	需要将支架全部拆除后方能安装挂篮	需要将支架部分拆除后方能安装挂篮	将挂篮施工时间提前，0号块施工完成后，挂篮略做改造，可直接用于后期节段悬臂施工

相比之下，托架优于落地支架，但采用全托架浇筑0号块，托架系统过于庞大，经计算难以满足要求。为解决此问题，经大量研究分析并结合现场实际，决定将0号块按长度划分为三段(6.3 m+12.4 m+6.3 m)分两次进行施工，托架浇筑中段12.4 m，混凝土数量约748.8 m³；两侧各6.3 m采用半成形的挂篮进行施工，混凝土数量约为

2×202 m^3。每次高度上均一次浇筑完成。

0 号块第一次托架施工方案如图 5.1 所示。

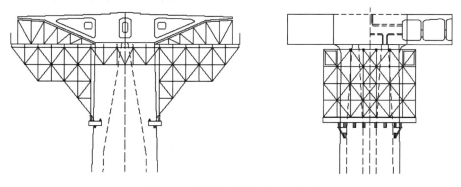

图 5.1　0 号块第一次托架施工方案图

0 号块第二次施工,利用半成形的挂篮和临时斜拉索,形成施工平台,浇筑 0 号块纵向悬臂节段,施工方案如图 5.2 所示。

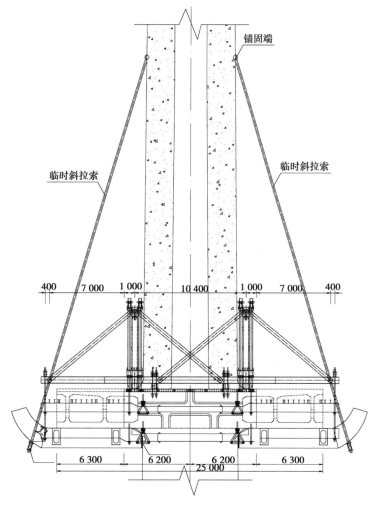

图 5.2　0 号块第二次施工方案图(单位:mm)

5.2.2 施工成本分析

原设计的施工方案主要包括支架基础、支架立柱搭设、支架拼装、支架试验、混凝土浇筑、养护、张拉、支架拆除等工作,机械化程度低,劳动强度大。

采用托架后,主要内容包括0号块第一次托架施工,具体有托架牛腿埋设、托架拼装、托架上部型钢分配及模板系统、荷载试验、混凝土浇筑、养护、预应力张拉、托架拆除等工作。

0号块第二次施工主要利用挂篮施工。施工完后,挂篮前移并形成完整挂篮体系,继续施工剩余梁段。

采用托架及挂篮施工0号块相对于搭设落地支架来说,节约大量材料及人力、物力,同时也节约大量落地支架的基础施工及支架拼装时间,省时省力。

两种方案施工成本比较如表5.2所示。

表5.2　两种方案施工成本分析

落地支架方案	费用(万元)	托架方案	费用(万元)
支架基础	20	托架材料租金	55
支架材料租金	181	托架制作安装	32
支架制作安装	77	托架拆除	4
支架拆除	23	挂篮浇筑使用费	10
一次投入资金	301	一次投入资金	101
回收与摊销	0	回收与摊销	0
施工成本	301	施工成本	101

从表5.2可见,采用托架方案,一次性投入资金比落地支架方案少301-101=200(万元)。经过施工成本分析比较,托架方案优于落地支架方案。

5.2.3 施工进度分析

0号块距地面约64 m,采用落地支架材料用量庞大,拼拆支架费时费力。

综合考虑,本工程0号块第一次采用托架施工,万能杆件及型钢质量约为200 t,拼装时间约为1个月;0号块第二次采用挂篮平台浇筑,与上塔柱同时施工,不占用工期。

如果采用落地支架,万能杆件及型钢质量约为700 t,拼装时间约为2个月。

相比较,采用托架方案节约工期1个月。

经过技术、成本、进度比较,采用托架+挂篮分两次施工0号块,技术上可行、成本节约、施工速度快,施工方案得到参建各方的支持。

5.3　0 号块托架和挂篮平台设计

5.3.1　0 号块第一段施工托架设计

托架采用万能杆件及部分新制件组拼,下部设型钢牛腿承受竖向力,上部设铰座抵抗水平力,单点设 2 根 ϕ32 精轧螺纹钢筋对拉,托架上设单层分配梁,分配梁上设型钢桁片焊接支架,间距为 90 cm,分配梁与桁片间设 10 cm 厚楔块,以便于脱模及调整标高(图 5.3)。

牛腿采取全预埋后一次浇筑混凝土,对拉杆 ϕ32 精轧螺纹钢筋预拉力为每根20 t。

牛腿处主筋处理考虑两种方案:一种是主筋避让,其间距调整为 20 cm;另一种为牛腿削除翼缘,主筋间距不变,但牛腿腹板及翼缘需焊钢板加强。

在 0 号块完成后,割除牛腿,对墩身预留孔内焊接钢丝网,用墩身同等级混凝土填实。混凝土采用细石混凝土,可加入微澎剂,确保混凝土密实。混凝土灌实后,对洞口混凝土表面收光并养护。混凝土颜色采取多次试配调色,避免色差。

托架焊接结构较多,在加工钢结构时要注意加工质量,尤其是确保高空焊缝质量。

现场需保证托架尤其是铰座及牛腿安装精度,更改材料规格需遵循等强度替换原则。

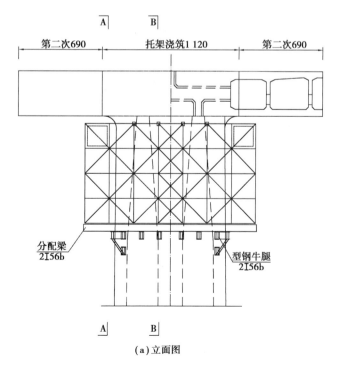

(a)立面图

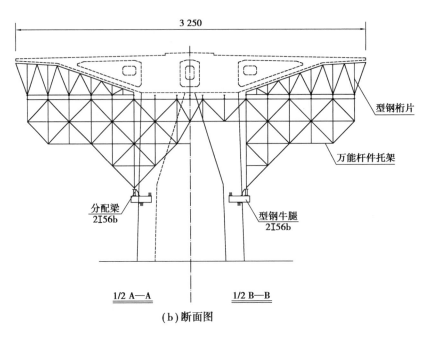

（b）断面图

图5.3 0号块第一段施工托架（单位：cm）

除铰座上销子采用45#钢外，其余为A3钢。钢材、钢铸件的品种、规格、性能等应符合现行国家产品标准和设计要求。焊接材料的品种、规格、性能等应符合现行国家产品标准和设计要求。

螺栓孔应呈正圆柱形，孔壁表面粗糙度 $R_a \leqslant 25$ μm，孔缘无损伤不平，无刺屑，螺栓孔允许偏差为+0.5 mm，螺栓孔孔距允许偏差不超过0.5 mm。

在0号块施工前需对托架作超载试验，以检验托架的强度和刚度。拟采用预拉方式，以节约人力物力。超载系数为1.2。

5.3.2 0号块第二段施工挂篮平台设计

0号块第二段长6.3 m，梁高3.6 m，梁宽32.5 m，梁高和梁宽与主梁节段相同，梁长小于主梁标准节段长度7 m。经多次研究，0号块第二段浇筑采用挂篮作为施工平台。该挂篮可以利用标准节段挂篮。

根据挂篮系统研究，本桥设计推荐采用前支点挂篮，考虑单索面前支点挂篮，横向悬臂大，横向不平衡荷载控制难度大、抗扭稳定性差，且为后期曲线梁段悬臂浇筑考虑（曲线梁段翼板有倾斜变化以适应超高，单纯前支点挂篮难以适应），采用前、后支点组合式挂篮，主梁中间单索面区域采用前支点挂篮、两侧翼板区域采用后支点挂篮，形成组合式挂篮施工，单索面前、后支点组合式挂篮在后续章节详细介绍。

为适用0号块第二段浇筑，挂篮上部结构在0号块第一段已浇筑混凝土上拼装，存在空间局限问题，纵向不满足两套挂篮安装。设计时，考虑将两侧挂篮主纵梁横向位置进行交错，即一侧挂篮主纵梁间距比另一侧宽一根纵梁宽度；下一节段施工时，挂篮上部结构基本没有改造。

　　挂篮下部结构主要底平台由纵梁和横梁组成。在墩柱位置挂篮底纵梁被墩柱限位,则只能将底纵梁后面部分截断,将截断位置抵紧墩梁结合位置,形成竖向和纵向支承点。下一节段施工时,挂篮行走到位,可接长底纵梁,形成标准挂篮。

　　标准挂篮中间前支点为当前节段斜拉索,浇筑完成后,将斜拉索转换到节段斜拉索锚固位置。0 号块第二段浇筑无永久性斜拉索,直接利用 1 号索孔安装钢绞线临时斜拉索,作为挂篮中间前支点。

　　0 号块第二段浇筑挂篮平台底纵梁被墩柱限制,需截断,其空间模型如图 5.4 所示。

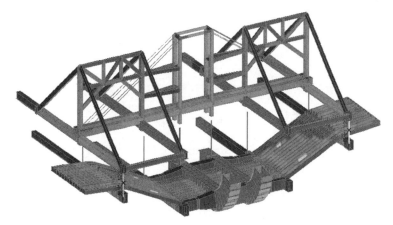

图 5.4　0 号块挂篮底纵梁截断

5.4　计算分析

5.4.1　托架计算

托架计算模型如图 5.5 所示。

(1)计算荷载

①混凝土体积为 325.8 m^3,混凝土容重为 2.6 t/m^3,总质量为 847 t,考虑 1.05 的荷载增大系数。

②托架及分配梁自重为 119.3 t(自动统计),考虑 1.6 的系数。

③模板载荷为 100 kg/m^2,共计 28.3 t。

④施工荷载为 200 kg/m^2,共计 56.6 t。

　　计算荷载合计:$\sum$ = 847 × 1.05 + 119.3 × 1.6 + 28.3 + 56.6 = 1 165 (t)[①]。

_____

①　本模型中,为便于工程实践表达,此处力的单位为 t。

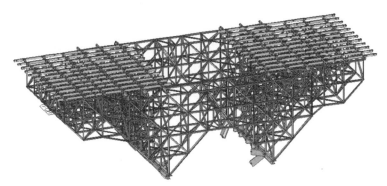

图5.5 托架计算模型

（2）计算结果

①竖向支反力：1/2 水平支反力如图5.6 所示。

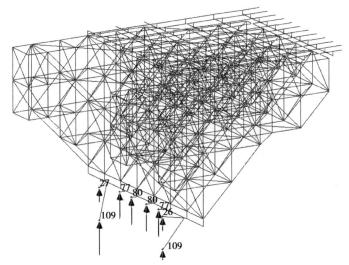

图5.6 竖向支反力图（单位:t）

②水平支反力：1/2 水平支反力如图5.7 所示。

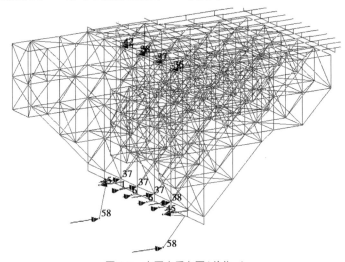

图5.7 水平支反力图（单位:t）

③竖向位移：$F_{max} = -8$ mm($\downarrow$)，如图 5.8 所示。

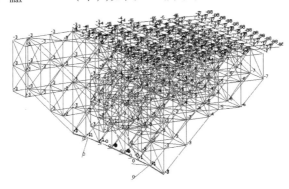

图 5.8　竖向位移图(单位:mm)

④水平位移：$F_{max} = 1$ mm($\rightarrow \leftarrow$)，如图 5.9 所示。

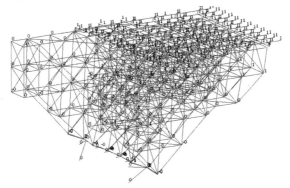

图 5.9　水平位移图(单位:mm)

⑤杆件内力：$2N_1 = 49$ t，$4N_3 = -64$ t，$4N_4 = -25$ t，如图 5.10 所示。

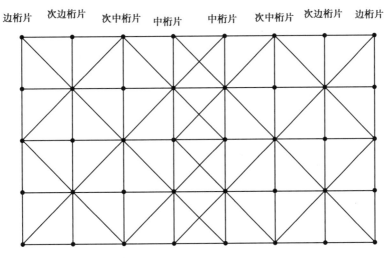

边桁片　次边桁片　次中桁片　中桁片　中桁片　次中桁片　次边桁片　边桁片

图 5.10　托架桁片顺桥向编号

⑥中桁片轴力如图 5.11 所示。

⑦次中桁片轴力如图 5.12 所示。

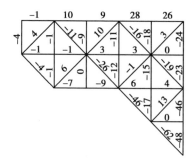 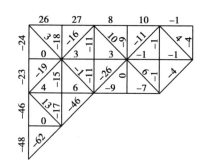

图 5.11 中桁片轴力图（单位：t）

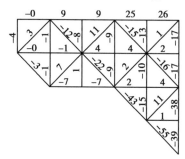 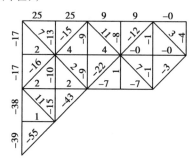

图 5.12 次中桁片轴力图（单位：t）

⑧次边桁片轴力如图 5.13 所示。

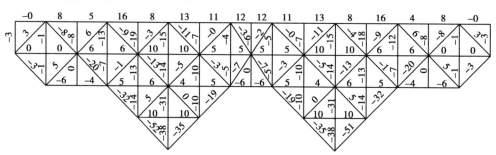

图 5.13 次边桁片轴力图（单位：t）

⑨边桁片轴力如图 5.14 所示。

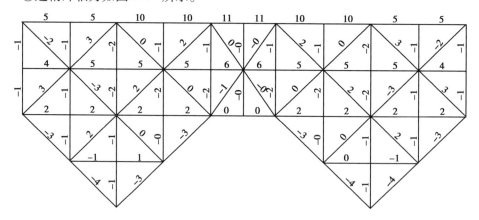

图 5.14 次边桁片轴力图（单位：t）

⑩顺桥向靠墩桁片轴力如图 5.15 所示。

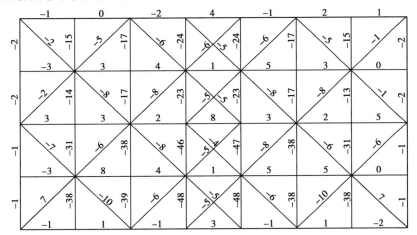

图 5.15　顺桥向靠墩桁片轴力图(单位:t)

⑪牛腿分配梁内力如图 5.16 至图 5.18 所示。

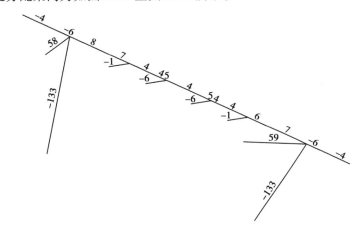

图 5.16　牛腿分配梁轴力图(单位:t)

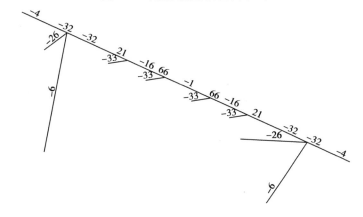

图 5.17　牛腿分配梁弯矩图(单位:t·m)

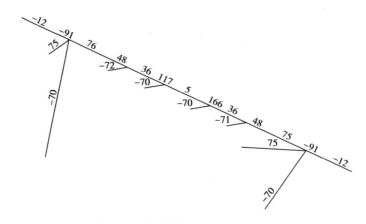

图 5.18　牛腿分配梁应力图（单位：MPa）

5.4.2　0 号块第二段浇筑挂篮平台计算

根据 0 号块第二段浇筑挂篮工况，进行计算分析，挂篮主纵梁尾部截断位置考虑墩柱的限位作用，按固定铰处理计算。

①荷载情况如表 5.3 所示。

表 5.3　外挂篮浇筑 0 号块-2 工况

荷载	横向（t）	纵向（t）	竖向（t）	备注
自重	0	0	171.71	—
顶底板	0	0	331.29	共 531 t，比设计大 5 t
横隔板	0	0	162.58	
纵腹板	0	0	36.86	
拉索力	0	−55.12	−192.24	单索 100 t
横向预拉	0	0	0	单根 50 t
施工荷载	0	0	35.62	150 kg/m^2
组合	0	66.14	583.39	—

注：组合工况 = 自重×1.35+（顶底板+横隔板+纵隔板）×1.03+拉索力×1.2+施工荷载+横向预拉×4.5。

②竖向支反力如图 5.19 所示。

③竖向位移 $F_{max} = -17$ mm（↓），如图 5.20 所示。

④最大应力为 122 MPa（底平台前吊杆），如图 5.21 所示。

⑤关键部位应力如表 5.4 所示。

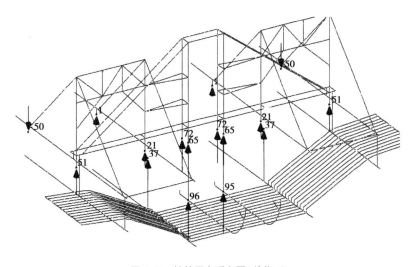

图 5.19　挂篮平台反力图(单位:t)

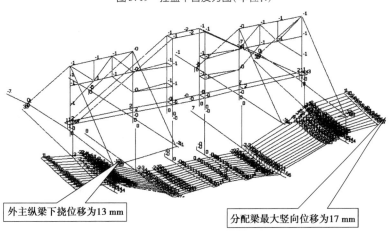

外主纵梁下挠位移为13 mm

分配梁最大竖向位移为17 mm

图 5.20　挂篮平台位移图(单位:mm)

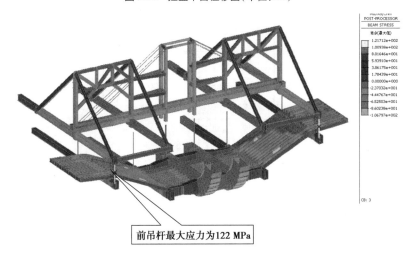

前吊杆最大应力为122 MPa

图 5.21　挂篮平台应力(单位:MPa)

表 5.4　关键部位应力

部位	主纵梁	斜拉带	预拉带	弧形梁	外行走梁	内行走梁	吊杆
复合应力（MPa）	53	51	103	22	103	59	122

5.5　托架安装

5.5.1　托架牛腿安装

预埋牛腿将托架承受的施工荷载传递到塔身，是整个支撑结构的关键部位。预埋牛腿的形式既要保证结构受力安全，又要考虑工地施工条件，避免加工质量不稳定而降低结构的安全度。

为避免预埋牛腿下部混凝土承受较大竖向压力而产生局部受损，在预埋牛腿上下两个方向布置适当数量的构造钢筋网，以提高该部分的抗压强度。

预埋牛腿采用 2 根 56b 的工字钢，牛腿处主筋处理考虑两种方案：一种是主筋避让，其间距调整为 20 cm；另一种为牛腿削除翼缘，主筋间距不变，但牛腿需焊钢板加强。

牛腿采取预埋方式完成安装，在 0 号块完成后，割除牛腿，对墩身预留孔内焊接钢丝网，用墩身同等级混凝土填实。混凝土采用细石混凝土，可加入微澎剂，确保混凝土密实。混凝土灌实后，对洞口混凝土表面收光并养护。牛腿构造如图 5.22 所示。

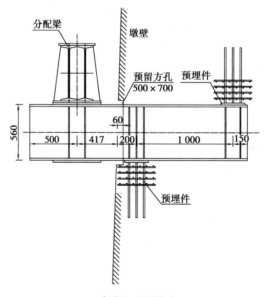

（a）直线段牛腿构造

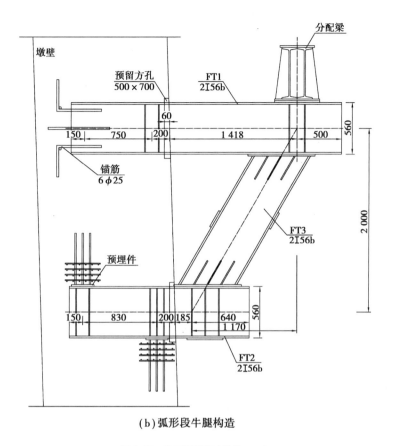

（b）弧形段牛腿构造

图 5.22　牛腿构造图（单位：mm）

5.5.2　托架拼装

①精轧螺纹钢筋拉杆及管道安装位置必须精确，质量满足要求；每个点设对拉杆 ϕ32 精轧螺纹钢筋两根，每根预拉力为 20 t；每点两根精轧螺纹同时预拉，首次预拉时先按 90% 预拉，即每根精轧螺纹钢筋先预拉 18 t，预拉后再拼装托架万能杆件桁片。

②万能杆件材料均为普通钢材，桁片横杆为大杆件，断面尺寸均 L 120 mm×10 mm×10 mm 角钢，其他横联及斜杆均为 L 100 mm×10 mm×10 mm、L 75 mm×8 mm×8 mm 角钢。采用标准板件及新制板件螺栓连接。

③万能杆件支架先在地面拼装成桁片，再由塔吊吊运到牛腿上拼装成整体。万能杆件桁片的质量应符合塔吊吊重要求。

④万能杆件托架拼装时，为满足施工人员上下，在每个立柱中设"之"字形梯道。梯道材料采用型钢或木材均可。梯道形成后，两侧挂安全网防护。

⑤支架底模平台两侧各设置 2 m 宽的安全及施工人员通道，通道采用厚木板满铺，宽 2 m，外侧设型钢栏杆并挂安全网防护。

5.5.3 托架荷载试验

从理论计算结果看,托架的位移变形很小(最大处仅为 8 mm)。这只是理论弹性变形,实际结构由于采用螺栓连接,螺栓与栓孔间存在间隙,在荷载作用下将产生较大的非弹性变形。因此,结构需要进行预压,以充分消除托架的非弹性变形,验证托架的弹性变形和结构安全,并据此设置预拱度,调整模板标高。

传统的预压方法一般是采用配重预压,即在托架上堆放重物或悬吊重物。本工程墩身较高,无论是堆放重物还是悬吊重物,均费工、费时、费料,并且现场不具备配重条件。在确定施工方案时,决定利用梁部施工的张拉机具,通过在托架上安放千斤顶张拉锚固于承台上的钢绞线对托架进行等效加载,完成托架的预压。

结合墩高及荷载大的实际,托架试验采取预拉方式,单侧托架共设 14 个点,通过在下塔墩预埋件和钢围堰上设反力点,其中 1 ~ 7 号墩、11 号墩采用下塔墩预埋件作为反拉点,8 ~ 10 号墩、12 ~ 14 号墩采用钢围堰穿孔埋置型钢作为反拉点。

预拉采用在托架顶上设分配梁进行分级张拉,图 5.23 中所示力值为 110% 荷载时各点预拉力值,并已考虑张拉点与锚固点由于倾斜角度的增加值。千斤顶布置位置如图 5.23 所示。

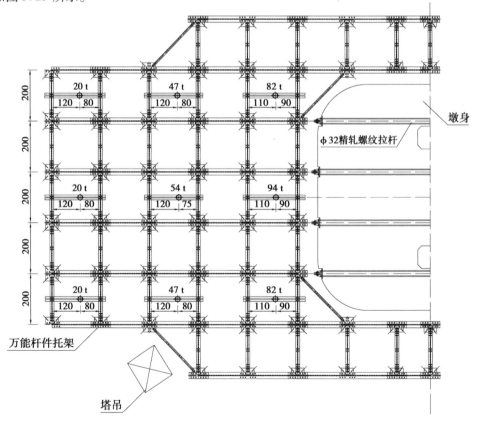

图5.23 托架荷载试验预拉荷载布置(单位:cm)

按图 5.23 安装好千斤顶和钢绞线后,先用单顶逐根调整钢绞线的初拉力,使其均衡受力,然后两侧千斤顶对称缓慢施压。施压过程中,要随时观测记录托架的加载及变形情况。持荷 24 h 后,测量各节点处标高,千斤顶回油卸载,再次测量各节点处标高。两次标高之差值,即为托架的弹性变形。

托架预压结果分析:

① 0 号块托架经过两次预拉已基本消除非弹性变形,托架结构处于弹性变形范围内,其预拉后的沉降值与回弹值均为线性分布且比较均匀,没有较大的突变现象。

②第一次预拉后,托架悬臂前端最大沉降值为 38 mm,卸载后平均回弹值为 15 mm;第二次预拉后,前端最大沉降值为 18 mm,卸载后平均回弹值为 11 mm;第二次比第一次更有效地消除非弹性变形,可以按照第二次的弹性变形值进行控制。由托架设计电算所得到该点的弹性变形值为 8 mm,与实际变形值 11 mm 出入不是很大,一般情况下实际值大于计算值。

通过本次托架预压实施,认为本托架在强度和刚度上符合设计要求,可以用于混凝土浇筑实施。

对 0 号块第一段浇筑的底模预提值拟定如下:

①按监控要求,对主梁 0 号块(第一段浇筑)整体提高 33 mm;

②按第二次预拉结果进行预提高值的控制,并考虑不可估计因素的影响,对主梁横桥向悬臂前端拟定预提高值为 18 mm,对悬臂后端拟定预提高值为 4 mm;

③按设计桥纵坡 1% 确定纵桥向主梁前端标高,并在 9 m 宽底板范围内设置横向预拱度,在桥轴线上预提高值 10 mm;

④底模各点控制标高 = 设计标高 + 监控提高值 + 预提高值。

5.6　混凝土浇筑

5.6.1　0 号块第一段混凝土施工

0 号块第一段浇筑混凝土数量约 668.8 m³,结合混凝土振捣所用时间和输送运输混凝土的能力,将 0 号块第一段混凝土的初凝时间定为 36 h 左右,将坍落度控制在 20~22 cm。混凝土采取泵管泵送,在最不利状况下,可设置双泵管接力泵送,即在栈桥旁设置两台泵车,在塔柱两侧各设一台泵车,负责浇筑两边节段混凝土(图 5.24)。

混凝土采取由下而上分层浇筑,顺桥轴方向的两臂端向中间对称进行,分层厚度为 30 cm。混凝土灌注顺序为:底板→腹板→横隔板→顶板四周。灌注时,要前后左右基本对称进行。

混凝土入模导管安装间距为 2.5 m 左右,导管底面与混凝土灌注面保持 1 m 以内。在钢筋密集处,断开个别钢筋留作导管入口,待混凝土灌注到此部位时,将钢筋焊接恢复。在钢筋密集处,要适当增加导管数量。

对捣固人员要认真划分施工区域,明确责任,以防漏捣。振捣腹板混凝土时,振捣人员要从预留"孔洞"进入腹板内捣固。"孔洞"设在顶板上,混凝土灌注至"孔洞"前封闭。

因 0 号块第一段浇筑混凝土结构复杂,体积较大集中,容易发生大体积混凝土温度裂纹的情况。对此,针对结构情况设置 4 层冷却水管降温措施,确保混凝土的浇筑质量。

图 5.24　0 号块第一段混凝土施工

5.6.2　0 号块第二段混凝土施工

0 号块第一段施工完成后,继续施工上塔柱,并进行第二次施工的挂篮设计、加工制造。为避免塔梁同步重叠作业,等塔柱完成后再进行挂篮拼装,0 号块第二段浇筑与第一段浇筑时间间隔偏长,约 180 d。

挂篮上部结构采用塔吊吊至 0 号块第一段施工完成区域进行拼装,下部结构在墩底钢围堰上拼装;上、下部结构分别拼装完成后,利用挂篮上部结构起吊下部结构;吊装到位后安装吊杆系统、临时斜拉索,最后调节索力和吊杆力,调整立模标高。

0 号块第二段浇筑标高控制结合计算分析和施工流程进行,翼板位置(后支点挂篮位置)标高一次调整到位,在中间临时斜拉索位置,考虑在混凝土浇筑过程中调整一次索力,即初始标高适当抬高,浇筑一半左右混凝土时,再调整索力与标高,以索力控制为主,标高控制为辅(图 5.25)。

施工过程总体顺利,达到了施工预期,但过程中也存在局部偏差:一是局部混凝土坍落度损失偏大,缓凝时间偏短;二是挂篮前支点位置实际变形比理论分析小,挂篮主纵梁与墩梁结合位置抵紧后,与理论的铰接不完全一致,转动困难,导致浇筑过程中放松索力后,挂篮标高未按理论分析下降,0 号块第二段浇筑前端标高比实际略高;三是

0 号块第二段浇筑混凝土出现局部收缩裂纹。

图 5.25　0 号块第二段混凝土施工

第 6 章

大吨位前后支点组合挂篮体系研究与实践

6.1 概 述

重庆双碑嘉陵江大桥主桥为单索面斜拉桥,上部主梁为单箱三室斜腹板结构,梁宽 32.5 m。主梁有多种规格,边跨除 1 号块长 4 m 外,2 号至 29 号均为 7 m;中跨 1 号块长 4 m,2 号至 28 号为 7 m,29 号为 8 m。最重节段为边跨 20 号块(辅助墩顶),重702 t;辅助墩旁的节段达到 568 t,标准节段重 461 t。主桥低塔边跨设计有多个曲线梁段,通过翼板倾角变化实现主梁曲线超高设计,原设计考虑为前支点挂篮。

为降低挂篮设计难度,首先将 29 号节段变更为 7 m,中跨合龙段增加至 4 m,可以解决 8 m 节段超长问题,并让中跨合龙段长度适应前支点挂篮弧形梁长度要求。然后再将辅助墩顶 702 t 超重节段单独考虑,则挂篮仅需要考虑最长 7 m 节段、最重 568 t的要求。

即使如此,主梁重近 600 t、长 7 m、宽 32.5 m 的单索面挂篮设计难度也非常大。

单纯的前支点挂篮,由于前支点是单索面斜拉索,位于主梁中间,两侧悬臂约16 m,会形成横向不平衡荷载控制难度大、抗扭稳定性差、两侧翼板标高调控困难等问题,加上曲线梁段如采用挂篮悬臂浇筑,单纯前支点挂篮将难以解决翼板变倾角问题。

单纯的后支点挂篮,节段悬臂荷载大,挂篮自重随之增大,且后支点挂篮对已浇筑节段的竖向集中力大。重庆双碑嘉陵江大桥主梁为扁平箱梁结构,翼板位置对集中力的敏感,不能承担过大的集中力。

为此提出一种挂篮形式,除中间斜拉索作为前支点外,两侧翼板位置增加承力点和标高调节点,对挂篮横向不平衡荷载控制、两侧翼板不等标高精确控制(适应曲线梁)、提高抗扭稳定性,实现重庆双碑嘉陵江大桥主梁施工至关重要,即前、后支点组合式挂篮体系。

6.2　挂篮设计

6.2.1　斜拉桥挂篮体系

现有的斜拉桥挂篮体系可以分为后支点挂篮体系、纯粹前支点挂篮体系、带后锚的前支点挂篮体系和前后支点组合式挂篮体系。前三者目前已较为成熟,而目前国内还没有真正的前后支点组合式挂篮体系,这是一种能结合前后支点挂篮各自优点的一种创新挂篮体系。

（1）后支点挂篮体系

后支点挂篮体系在各种悬浇体系桥梁中广泛使用。连续刚构桥由于没有可利用的作为前支点的斜拉索,基本上很难采用前支点挂篮形式,均为后支点挂篮。对于斜拉索,也可不利用前端斜拉索作为前支点,而直接采用与连续刚构桥类似的后支点挂篮(图6.1)。

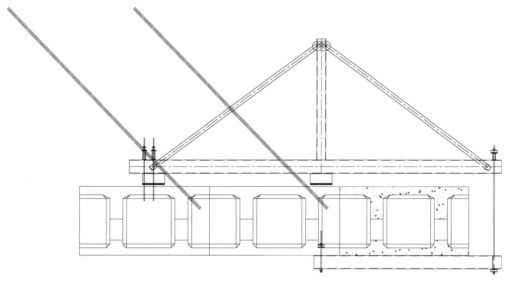

图6.1　后支点挂篮

由于后支点挂篮主承载结构受力特征为悬臂梁式体系,挂篮的承载能力随悬臂长度增加急剧下降,所以一般悬臂长度均较短,单个块件节段一般在6 m以下,且新浇筑节段对已浇筑节段的附加应力增加较多,施工阶段的预应力束配置较多。

后支点挂篮变形较小,《公路桥涵施工技术规范》(JTG/T F50—2011)①规定最大综合变形在2 cm以内。施工时,一次浇筑完成,一般不进行浇筑完成后的混凝土标高修正。

---

① 当时采用此规范,现行规范为《公路桥涵施工技术规范》(JTG/T 3650—2020)。

（2）纯粹前支点挂篮体系

前支点挂篮是斜拉索悬浇施工中常见的一种挂篮体系，主要特点是利用斜拉索作为挂篮前支点。纯粹前支点挂篮的主承载结构受力特征为简支梁式体系，前端斜拉索受力明确。其受力简图和设计案例如图 6.2 所示。

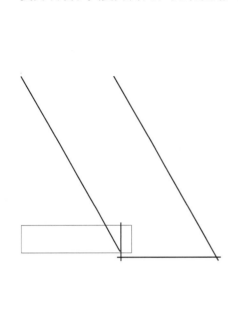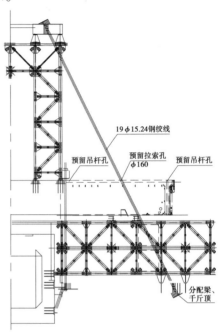

图 6.2　纯粹前支点挂篮

纯粹前支点挂篮很少见，一般只在挂篮未完全成形的主梁根部 0 号、1 号块出现。

（3）带后锚的前支点挂篮体系

纯粹前支点挂篮一般很少，大多数挂篮在取消前支点时，其主承载结构在已浇筑节段上形成两个锚固点，相当于后支点挂篮，仍具有一定的承载能力。这类挂篮从受力形式上，含后锚点、中支点、前支点，共同形成两跨连续梁结构。设计上仍以中支点和前支点受力为主，后锚点仅在挂篮前端调索时，用以抵消拉索力变化产生的附加反锚（或反顶）力。

这类挂篮可以称为前支点挂篮为主的带后锚的挂篮，但从受力角度讲，并不同于纯粹前支点挂篮。

纯粹前支点挂篮调整前端标高时，对索力影响不大。而带后锚的前支点挂篮，当前支点索力变化时，前端标高变化不大；当索力控制有一定误差时，挂篮本身可以克服。现在通常意义上说的前支点挂篮，实际上就是带后锚的前支点挂篮。

前支点挂篮的悬臂浇筑节段可以比较长，一般在 6~8 m。由于新浇筑节段有部分荷载被前端斜拉索分担，对已浇筑节段的附加应力改善较大，施工阶段的预应力束配置相对较少。前支点挂篮受斜拉索的影响，前端变形往往较大，规范规定仅要求参照后支点挂篮执行，但变形往往不能控制在 2 cm 以内。施工时，一般采用二次调索，即在浇筑到一半混凝土时,对前支点索力和挂篮前端标高进行调整,浇筑完成时再进行混凝土成形标高校对。其受力简图和设计案例如图6.3所示。

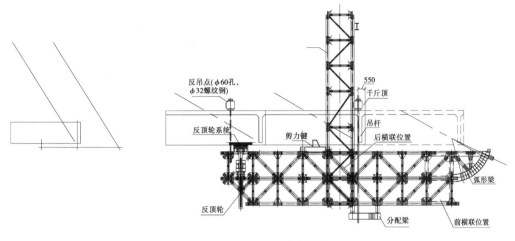

图6.3　带后锚的前支点挂篮

6.2.2　前后支点组合式挂篮体系

（1）挂篮体系总体设计

后支点挂篮的特点是不利用前端斜拉索,全靠挂篮主体结构的刚度,形成悬臂体系,悬挂挂篮底平台,进行混凝土浇筑。其结构简单,受力明确,行走方便,在连续刚构桥和斜拉桥上广泛使用。

后支点挂篮的主要缺点:挂篮自重和待浇混凝土荷载对前一节段已浇筑的梁将产生较大的施工应力;对于悬臂较大、质量较大的节段,后支点挂篮相对也不经济。

前支点挂篮的特点是利用待浇节段的斜拉索作为挂篮的前支点,与已浇筑节段上的锚固点一起形成简支体系,挂篮平台以及主要承重结构在主梁下方。由于前端有斜拉索作用,新浇筑混凝土荷载由前端斜拉索和已浇筑节段共同承受,有利于减少已浇筑节段的施工应力。同时,在混凝土浇筑过程中、初凝前,通过调整前端斜拉索索力,可以调整混凝土节段无应力标高,有利于施工控制。

前支点挂篮的主要缺点:挂篮主桁的布置受斜拉索位置的限制较大,特别是针对单索面宽主梁斜拉桥,前支点的斜拉索位于宽主梁的中间,结构空间传力系统复杂,横向稳定性设计难度大,主梁横向适应不平衡荷载的能力差,横向高差调整难度大。

随着桥梁技术的发展,斜拉桥设计多种多样,单索面斜拉索逐渐增多,主梁向大断面宽箱结构发展,施工的节段长、质量大。对挂篮来说,施工高效、施工控制精度高、自动化程度高、施工操作简便、安全控制方便是挂篮的发展方向。

传统的前支点挂篮或后支点挂篮均存在一定的缺点。本工程挂篮设计的目标是将两类挂篮结合起来,研究一种超大吨位前后支点结合挂篮体系,增加结构的安全稳定性,增加结构承载力,增加结构操控性能,减少结构自重,并解决工程实际问题。

悬臂施工挂篮是为适应重庆双碑嘉陵江大桥主桥宽主梁、长节段、大吨位、单索面等复杂要求设计的前后支点组合式挂篮。挂篮平台按施工节段长度 7 m 考虑,承载能力按 600 t 进行设计,挂篮自重不超过 240 t。挂篮包括两套后支点挂篮和一套前支点挂篮的组合体系,前支点挂篮在中间,后支点挂篮在两边。前支点挂篮承受混凝土主梁中间的荷载,后支点挂篮承受混凝土主梁两侧(含翼板)的荷载。为降低两侧后支点挂篮对翼板位置的集中荷载,设计了横向斜拉桁架,将翼板集中力向中间拉索区传递。

前支点挂篮对应于单索面的斜拉索位置,包括前端弧形梁拉索锚固系统,主梁、次梁、横梁、止推块和后吊点,主梁、次梁、横梁加大块钢模板,形成密贴待浇主梁底部的施工平台。行走系统设在次梁上。后支点挂篮为两套,对称分布于前支点挂篮的两侧,由 4 片上主梁和 4 片下主梁组成,上下主梁采用吊杆或吊带连接。内侧靠近前支点挂篮的下主梁与前支点挂篮的次梁融为一体。两片下主梁之间采用密布型钢横梁,加上大块钢模板,密贴待浇节段主梁(翼板)底部,形成施工平台。型钢横梁与内侧下主梁形成铰接,确保中间前支点挂篮拉索力不传到后支点挂篮的外侧两片主梁,同时方便后支点挂篮外侧主梁调整横向标高,使曲线梁超高区两侧不等高。由于后支点挂篮底平台与前支点挂篮铰接,挂篮底平台可以拆分为前支点钢箱形挂篮、后支点挂篮上下主梁、型钢横梁等部件,安拆方便。前支点挂篮的次梁行走系统与后支点挂篮内下主梁的行走系统融合,后支点挂篮上下主梁与混凝土梁上方的轨道梁、下方的反挂轮一起,实现挂篮的行走,行走系统简洁、操作方便。

前后支点组合式挂篮三维模型如图 6.4 所示,前后支点组合式挂篮立面如图 6.5 所示,前支点组合式挂篮侧面如图 6.6 所示,前后支点组合式挂篮施工全景如图 6.7 所示。

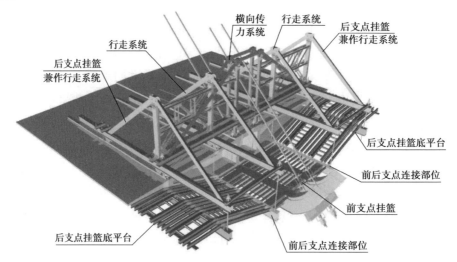

图 6.4　前后支点组合式挂篮三维模型

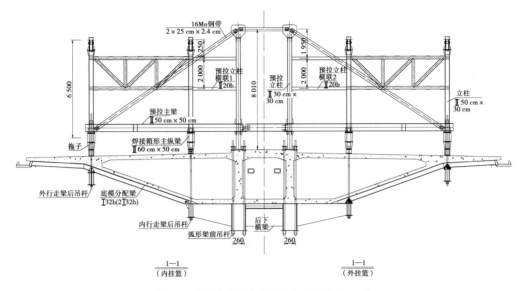

图 6.5　前后支点组合式挂篮立面图(单位:mm)

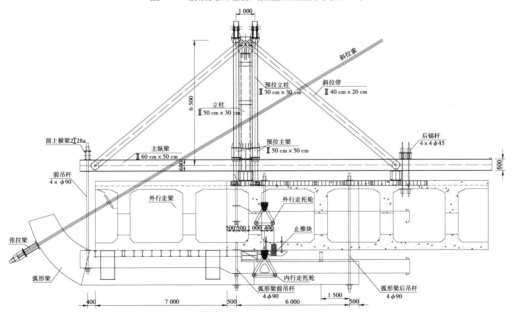

图 6.6　前后支点组合式挂篮侧面图(单位:mm)

(2)承重系统

底篮承重系统是挂篮的主体结构,由支承悬浇荷载及模板体系的分配梁、弧形梁及行走滑道梁组成。平面上由两横梁、六纵梁组成。为加强结构刚度并减轻自重,平台横梁、纵梁均采用钢板焊接箱形结构。底篮承重系统共设置两组钢箱弧形梁,轴心间距为 3 500 mm,斜拉索梁上锚点宽度为 1 750 mm。钢箱由底板、顶板、腹板及加劲肋等构成,钢箱为底篮承重系统的主支撑系统,分弧形梁、中主梁和边主梁三部分,前端弧形梁由斜拉索支撑,弧形钢箱梁通过锚杆锚固在相邻已浇筑梁体上。弧形梁上设止推块,抵抗斜拉索的水平力;在弧形梁后端设拉压杆,防止挂篮尾部变形。

图6.7　前后支点组合式挂篮施工全景

弧形梁梁宽均为 1 200 mm,前端梁高 1 800 mm,后端梁高 1 200 mm;中主梁梁高 1 500 mm,梁宽 800 mm;边主梁为等截面和变截面组合结构,变截面段梁高从 1 500 mm 变化到 800 mm,等截面段梁高 800 mm,梁宽 800 mm(图6.8)。分配梁用 I 32 或 2 I 32b 工字钢按间距 500 mm 布置,上铺 8 mm 钢板作为底模。

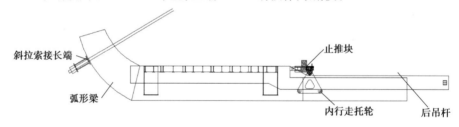

图6.8　弧形钢箱梁剖面图

后支点挂篮在浇筑混凝土时分担一部分混凝土质量,并兼作行走装置。受力主体为 4 片三角钢带斜拉式主梁,三角钢带斜拉式主梁为 $\delta=12$ mm 的钢板组焊的箱形结构,箱形截面为高宽为 600 mm×500 mm。斜拉钢带为 2 [40b 槽钢,立柱为 500 mm× 300 mm 焊接箱形,上下游两片三角主体通过横梁和横联连接成整体形成稳定的受力体系。内行走梁为 $\delta=12$ mm 和 $\delta=16$ mm 的钢板组焊的箱形结构,箱形截面为 80 mm× 500 mm,内行走梁与前支点挂篮结构底篮系统合二为一,既节省材料又减轻自重,同时便于施工操作。外行走梁为 $\delta=12$ mm 和 $\delta=16$ mm 的钢板组焊的箱形结构,箱形截面为 900 mm×500 mm。

后支点挂篮系统在挂篮前端、中部、尾端共设置三排锚杆,前端设置两根 $\phi90$ mm 的锚杆,分别连接三角主梁和内行走梁、外行走梁,并于上端安装千斤顶,便于对结构体系的内力调整。中部位于三角桁片横联处设置两个锚点,其中三角桁片边主梁处锚点布置两根 $\phi90$ mm 的锚杆和支点垫块(图6.9),并配置预拉千斤顶,将横向预拉架与三角主梁及行走主梁连接起来,主要用来控制横向预拉架受力,并编号为 SYL1、SYL2(图 6.10);三角桁片中主梁处锚点位于内行走梁处,布置一根 ϕ90 mm 的锚杆,将内行走梁锚固于已浇筑梁体上,统称为中吊杆,上游标号为 SZD3 (图 6.11),下游标号为 XZD3;后端设置 4 个锚点上下游后支点挂篮系统各两个锚点。由于设计单位对此处锚点反力有限值 35 t 的要求,因此每个锚点布置两组 ϕ45 mm 的锚杆,既便于操作又可以分散集中力,保护已浇筑梁体。

图6.9　支点垫块

图 6.10　编号 SYL1、SYL2 吊杆

图 6.11　编号 SZD3 锚杆

(3)横向预拉系统

横向预拉系统的设置是为减小翼板上三角桁片中支点力,将混凝土浇筑状态下翼板上三角桁片中支点大部分作用力传递到腹板上。横向预拉系统如图 6.12 所示。预拉主梁两端分别用两根锚杆,即编号为 SYL1、SYL2 的锚杆,锚固于三角主梁及外行走梁上,前文已做详细介绍,此处不再赘述。

横向预拉带为实腹矩形截面,尺寸为 250 mm×50 mm,材质为 16Mn 钢材。横向主梁为 δ=12 mm 和 δ=16 mm 的钢板组焊的箱形结构,箱形截面为 500 mm×500 mm;预拉立柱钢箱组合结构,采用 δ=16 mm 的钢板组焊的箱形结构,箱形尺寸为 300 mm×300 mm。立柱下端连接横向主梁,并通过 4 根支座垫块支撑于已浇筑梁体的直腹板处,支座垫块截面尺寸与预拉立柱相同。

(4)牵索系统

牵索系统的功能是在挂篮悬浇施工时将斜拉索与挂篮连接起来形成前支点;在悬浇完成后,将斜拉索与挂篮分离,实现索力的转换。牵索系统由张拉梁及垫块、接长杆组成。张拉千斤顶通过撑脚固定在张拉垫块上。垫块根据弧形梁头部曲线布置。

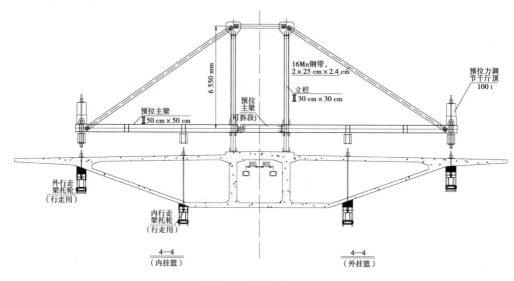

图 6.12　横向预拉系统

（5）悬吊系统

挂篮悬吊系统采用 ϕ90 螺杆,弧形梁上共 4 根,内、外行走梁各 2 根。行走后吊杆为 ϕ70 螺杆。悬吊系统主要用于将挂篮底平台悬挂篮在已浇筑混凝土主梁上或者后支点挂篮的纵梁上。

（6）锚固系统

锚固系统主要指后支点挂篮的后锚,采用 4ϕ45 螺杆作为挂篮的后锚。在混凝土浇筑和行走时,均需要进行锚固。

（7）止推装置

为抵抗斜拉索张拉时的水平分力,挂篮底平台上需布置止推装置。止推块采取与弧形梁分离形式,以减少预留孔位置误差的影响。止推块为型钢焊接结构,弧形梁通过可调丝杆与止推块接触,止推块通过焊接其上的钢柱与箱底混凝土密贴传递压力。

（8）行走系统

行走主梁分为两根内行走主梁及两根外行走主梁,行走主梁用于混凝土浇筑同时也参与整个挂篮受力,前文对 4 根行走主梁已充分介绍;行走轨道位于 4 个三角主桁片下方,使用两根工字钢加焊钢板形成箱形结构,并间隔 50 cm 设置加劲板,板厚 12 mm,以增强行走轨道刚度;行走牵引系统采用千斤顶作为动力系统,带动整个挂篮前移;挂篮后端通过预留孔道布置两处后锚点,行走时,两处锚点都参与受力,中途倒换时前一处锚点受力,后一处锚点前移。

挂篮采用整体行走。在行走前,先将底平台质量转移至行走主梁上,将后排吊杆拆除,行走主梁下落至行走滑轮上,利用小千斤顶牵引后支点挂篮立柱下拖子前行。由于行走距离达 7 m,这导致主纵梁受力过大,中途需倒换一次。

施工时,要注意钢箱行走吊带预留孔的预留,并注意保证位置的准确性。在箱梁斜拉索完成张拉施工后,安装钢箱尾梁行走系,再卸除钢箱中、后各锚杆,卸除时要求对称卸除。每根吊带通过 2 台 20 t 螺旋千斤顶顶升和下放底篮系,以确保钢箱整个底篮下放时的同步性。

(9)模板系统

模板系统分为底模、内模、堵头模板。底模采用 8 mm 钢板,直接铺于底平台分配梁上,间距为 50 cm。为适应箱底折线变化,底模分为 3 个部分。两侧翼板和中箱模板分开,在翼板模和中箱模接缝处用薄铁皮搭接,防止漏浆。本桥主梁内有两道隔板,箱室内模采用组合钢模组拼。施工时,可分箱室整体安装,但拆除只能分散拆零后从隔板人孔中运出。

(10)挂篮应力及变形预警系统

根据挂篮受力与变形控制的需要,在挂篮关键部位设置角位移变化的传感器、应力应变传感器,随时监控挂篮变形与应力情况,并进行报警和处理。这套系统可根据现场实际情况进行设置。

6.3　结构分析

前后支点组合式挂篮属于新型拼装组合式挂篮,当前对于使用这种类型的挂篮,没有成功的经验。因此,只有通过理论分析及试验的方法,才能更好地掌握挂篮各个部件的受力情况及整体使用性能。理论分析主要采用有限单元法,应用有限元分析软件对挂篮做全面的空间应力分析。对挂篮做空间应力分析时,主要采用 Midas Civil 软件,建立独立挂篮的三维模型,通过理想约束及模拟施工过程加载的方法,分析各个工况下挂篮的受力及变形情况。分析前后支点组合式挂篮与已浇筑梁体结合时,采用 Midas FEA 软件,建立塔、梁、索、挂篮结合的模型,对结合的结构做进一步分析,从而得出结合后挂篮各个构件的受力情况,以及结合后挂篮对已浇筑梁体的影响。

6.3.1　参数设置

(1)主梁 C50 混凝土主要力学性能

主梁 C50 混凝土主要力学性能指标:弹性模量 $E_c = 3.45 \times 10^4$ MPa;泊松比 $V_c = 0.167$;热膨胀系数为 1.0×10^{-5}/℃;轴心抗压强度设计值 $f_{cd} = 22.4$ MPa;轴心抗拉强度设计值 $f_{td} = 1.83$ MPa。

(2)预应力钢筋 $\phi^s 15.24$ 钢绞线主要力学性能

预应力钢筋 $\phi^s 15.24$ 钢绞线主要力学性能指标:弹性模量 $E_p = 1.95 \times 10^5$ MPa;泊松比 $V_p = 0.2$;轴心抗拉强度标准值 $f_{pk} = 1\ 395$ MPa;轴心抗拉强度设计值 $f_{pd} = 1\ 260$ MPa;轴心抗压强度设计值 $f'_{pd} = 390$ MPa。

(3)精轧螺纹钢筋 JL32 主要力学性能

精轧螺纹钢筋 JL32 主要力学性能指标:弹性模量 $E_p = 2 \times 10^5$ MPa;泊松比 $V_s =$

0.2;轴心抗拉强度标准值f_{pk}=930 MPa;轴心抗拉强度设计值f_{pd}=770 MPa;轴心抗压强度设计值f'_{pd}=400 MPa。

6.3.2 模型建立过程

在用有限元法求解结构问题时,首先要从实际结构和研究的重点出发,在满足准确性要求的前提下,对实际结构进行合理简化。简化的模型既要符合实际的结构受力状况,又要突出所关心的重点部位。在简化模型的基础上,建立几何模型以满足有限元分析的要求。例如,在进行有限元分析时,应尽量完整全面地建立挂篮的整个模型,同时应考虑边界条件的变化情况,力求准确无误地用模型反映挂篮的实际受力情况。局部构件无法完全用模型来比拟时,应考虑实际情况进行简化处理。重庆双碑嘉陵江大桥所用前后支点组合式挂篮简化计算模型如图6.13所示。

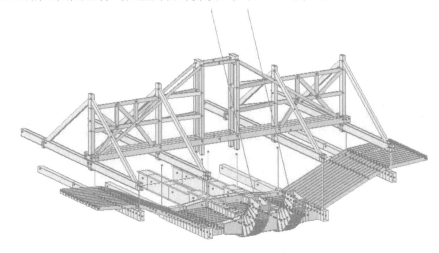

图6.13　前后支点组合式挂篮计算模型

挂篮采用前后支点组合受力体系。后支点挂篮在浇筑混凝土时承担一部分荷载,并兼作行走装置。受力主体为4片三角钢带斜拉式主梁,主梁为钢板组焊的箱形结构,高宽为600 mm×500 mm,斜拉钢带为2[40槽钢,立柱为500 mm×300 mm 焊接箱形,上下游两片三角主体通过横梁和横联连接成整体形成稳定的受力体系。

承载平台是挂篮的主体结构,由支承悬浇荷载及模板体系的分配梁、弧形梁及行走滑梁组成。平面上由两横梁、六纵梁组成。分配梁用 I32 工字钢按间距 50 cm 布置,上铺 8 mm 钢板作为底模。为加强结构刚度并减轻自重,平台横梁、纵梁均采用钢板焊接箱形结构。挂篮底平台如图6.14所示。

弧形梁上设止推块,抵抗斜拉索的水平力;为防止挂篮尾部变形过大,在弧形梁后端设拉压杆。

吊杆系统分为锚固吊杆和行走吊杆,锚固吊杆规格为 ϕ90 和 ϕ45 钢锚杆;行走吊杆为 ϕ70 的钢锚杆。

为减小翼板上三角桁片中支点力,横桥向设斜拉带结构,将混凝土浇筑状态下翼板上三角桁片中支点大部分作用力传递到腹板上。挂篮上部结构如图 6.15 所示。

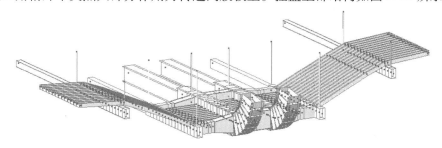

图 6.14　前后支点组合式挂篮底平台

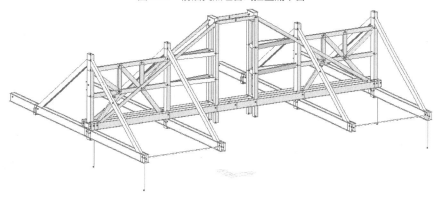

图 6.15　前后支点组合式挂篮上部结构

温度场影响挂篮与塔梁索空间组合模型如图 6.16 所示。

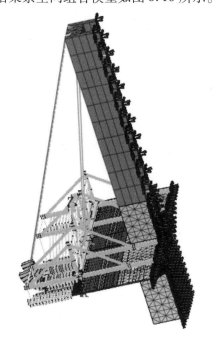

图 6.16　温度场影响挂篮与塔梁索空间组合模型

6.3.3　悬臂浇筑过程中挂篮施工的工况划分

由于前后支点组合式挂篮的概念属于新创,没有施工经验可循,理论计算时尽量遵循周到、细致的原则。按照正常前支点施工经验,在浇筑过程中,前支点挂篮都要进行多次索力调整,以便获得较理想的挂篮变形,从而控制主梁的线形。而后支点挂篮由于在浇筑前各点已经锚固到位,因此浇筑过程中无法进行挂篮的标高调整。在使用前后支点组合式挂篮进行混凝土浇筑过程中,是否需要进行索力调整存在一定的争议,理论计算中分为浇筑过程中调索与不调索两种情况进行。对两种计算结果进行分析比对,为挂篮使用过程中索力调整提供参考。模拟分析过程中,节段荷载按照1/4为一个级别,并根据实际梁体结构情况,对荷载进行分块计算,将荷载施加于相应挂篮位置上,严格按照实际浇筑情况进行分级加载。

(1)理论计算中浇筑过程调索工况

①工况一:空载;

②工况二:施加25%的节段荷载;

③工况三:施加50%的节段荷载;

④工况四:施加50%的节段荷载后进行索力调整;

⑤工况五:施加75%的节段荷载;

⑥工况六:施加100%的节段荷载。

(2)理论计算中浇筑过程不调索工况

①工况一:空载;

②工况二:施加25%的节段荷载;

③工况三:施加50%的节段荷载;

④工况四:施加75%的节段荷载;

⑤工况五:施加100%的节段荷载。

6.3.4　模型建立过程的问题

(1)单元处理

主梁为钢板组焊的箱形结构,高宽为600 mm×500 mm,采用梁单元。斜拉钢带为2[40b 槽钢,采用桁架单元。立柱为500 mm×300 mm 焊接箱形,采用梁单元建模。上下游两片三角主体通过横梁和横联,为梁单元。平台横梁、纵梁均采用钢板焊接箱形结构均采用梁单元。实际挂篮的斜拉索因为会根据受力的大小对挂篮的位移和受力影响较大,采用桁架单元建立。

(2)坐标系假定

坐标系约定为沿平台长度方向向后为 X 轴正方向,沿高度方向向上为 Y 轴正方向,沿宽度方向向左为 Z 轴正方向,后文所提及的 X、Y、Z 方向均与此一致。

（3）边界约束

底平台 4 根吊杆全部固结,考虑浇筑混凝土时边主梁会有下挠,所以 4 个吊杆只约束位移边界,不约束弯矩。考虑实际情况,边立柱只约束 X、Y 方向,释放 Y 方向。

（4）荷载简化

为尽可能准确地模拟混凝土浇筑阶段挂篮所承受的荷载,模拟时将荷载按各工况下划分的量值进行模拟加载。

横向预拉架设置于整套挂篮的中部。为提高整个挂篮的横向稳定性,在浇筑前的挂篮调整中需对预拉架施加一定的预拉力。施加预拉力的方法主要是通过安装于预拉带下部的千斤顶来完成,模拟计算时对每根预拉带施加的预拉力为 50 t。

6.3.5　模拟计算刚度分析

前后支点组合式挂篮的刚度分析主要是通过挂篮在各工况下位移变化来体现。本书中,挂篮验算的荷载取节段数量最多的标准节段作为挂篮计算的荷载取值,并对标准块件进行荷载划分。通过对挂篮在标准块件下进行模拟,掌握挂篮使用的性能,结合后期的现场挂篮加载试验,进一步积累前后支点组合式挂篮理论数据,为后期施工积累经验,从而为挂篮施工最大块件做好经验储备。

在以往施工过程中,单纯的前支点挂篮在混凝土浇筑过程中都要进行一次以上的调索,以调整其施加荷载后挂篮的变形,调整过程中对已浇混凝土有很大影响,因此施工中调索索力以及混凝土质量及初凝时间要严格把握;而后支点挂篮在混凝土浇筑过程中,受自身条件的限制无法调整其标高,后支点挂篮标高控制以及挂篮自身的刚度成为施工控制孔的重点。由于前后支点组合式挂篮不属于单纯的前支点挂篮或后支点挂篮,因此为研究前后支点组合式挂篮的使用性能,分别对挂篮在调索和不调索两种状态下进行模拟计算。

通过理论分析计算对同一挂篮采用调索与不调索两种模拟加载控制,调索阶段选在混凝土浇筑一半后进行,中间只调索一次,并与不调索计算进行对比分析。挂篮变形观测点取变形最大截面,即挂篮前端的截面,分别在翼缘、腹板顶、腹板底、底平台,共计 9 个点,提取各工况下变形,如图 6.17 所示。调索情况下各工况下挂篮控制部位的变形量如表 6.1 所示,不调索情况下工况挂篮控制部位的变形量如表 6.2 所示。

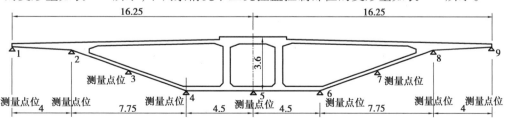

图 6.17　挂篮变形观测点布置图（单位:m）

表6.1　各工况下位移值

工况	工况说明	理论状态下位移变化量（mm）								
		1	2	3	4	5	6	7	8	9
工况一	空载	−24	−7	5	18	19	18	5	−7	−24
工况二	25%	−19	−11	−3	8	11	8	−3	−11	−19
工况三	50%	−24	−22	−17	1	5	1	−17	−19	−24
工况四	50%调索	−27	−22	−13	7	11	7	−13	−22	−27
工况五	75%	−21	−23	−18	−4	2	−4	−18	−23	−21
工况六	100%	−41	−32	−25	−5	1	−5	−25	−32	−41

表6.2　各工况下位移值

工况	工况说明	理论状态下位移变化量（mm）								
		1	2	3	4	5	6	7	8	9
工况一	空载	−27	−7	7	24	25	24	7	−7	−27
工况二	25%	−22	−11	1	−14	17	−14	1	−11	−22
工况三	50%	−27	−22	−15	7	11	7	−15	−22	−27
工况四	75%	−21	−23	−16	−4	2	−4	−16	−23	−21
工况五	100%	−40	−32	−25	−5	1	−5	−25	−32	−40

（1）浇筑过程调索情况下挂篮控制点变形数据

从表6.1中的变形数据可以看出,在浇筑到混凝土总方量为50%时对挂篮上的临时斜拉索进行索力调整,可以使前支点挂篮前端中间标高抬升6 mm,前支点挂篮其余部分前端也有相应的抬升,基本上都在6 mm左右;后支点部分受索力调整的影响各点标高也有所变化,由于混凝土受索力调整的影响,质量分别向上下游转移,使后支点挂篮各点继续下挠,最大下挠量为3 mm。荷载增加到100%后,挂篮前支点部分最大相对变形量为18 mm,后支点部分最大相对变形量为30 mm。图6.18所示为理论计算挂篮前端各点位移曲线,图中各点位移变化相对缓和,未出现明显的突变点,有利于对主梁线形的控制。

（2）浇筑过程不调索情况下挂篮控制点变形数据

从表6.2可以看出,前支点部分最大变形量为24 mm,后支点部分最大变形量为32 mm,最大变形发生在挂篮纵梁之间的分配梁上。这与分配梁的刚度有关,纵梁区域变形量小于上述值,可以通过调整分配梁的刚度来减少挂篮的最大变形量。

从两种理论计算的结果可以看出,加载到100%时挂篮的总体变形量一致。在浇筑过程中不调索时的理论计算,由于空载时挂篮斜拉索索力较小,从而引起在加载到

25%时挂篮前后支点结合处位移变化较大出现突变。从图6.19可以看出,这样的突变是否对混凝土的浇筑质量产生影响与混凝土的初凝时间有很大关系。由于前后支点挂篮的使用尚属首次,实际浇筑混凝土时挂篮的变形量还需通过现场的挂篮试验来验证。

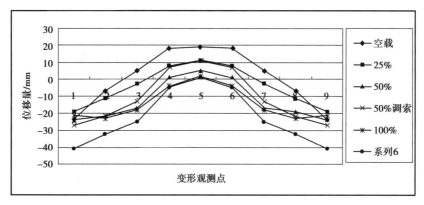

图6.18 各工况下挂篮位移变化图

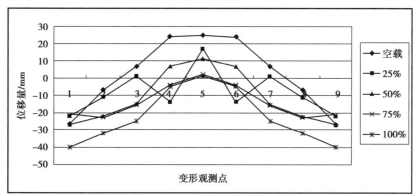

图6.19 各工况下挂篮位移变化图

6.3.6 模拟计算强度及反力分析

(1)各工况下挂篮中吊杆应力值

前后支点组合式挂篮的中吊杆为锚固内行走梁和弧形梁的杆件,承担了相当大的一部分力值,弧形梁处的锚点用两根ϕ90 mm的锚杆,为方便计算,模拟分析时用一根吊杆来代表;内行走梁处用一根ϕ90 mm的锚杆。设计单位从梁面的承载力方面对这些受力部位进行了限值,即要求内行走梁处的中吊杆力值与外行走梁处中支点力值之和不超过128 t;由于弧形处的中点位于直腹板范围,没有设置限值。表3.3给出了模拟计算中4个中吊杆的反力数据。上、下游外行走主梁处的中支点编号为SYZD1、XYZD1;上、下游内行走梁处的中支点编号为SYZD2、XYZD2。

从表6.3可以看出,浇筑过程中调索与浇筑过程中不调索两种计算方法的中吊杆反力值基本相同。初始状态下,由于斜拉索的作用,弧形梁处的中吊杆力值出现负值,主要是由于斜拉索的初始索力对挂篮有预抬的作用;中吊杆处梁体下缘受压,这一部分力值通过安装在弧形梁变截面处的楔形垫块来承担。100%级荷载加载后,两种工况下中吊杆力值相同。这说明在初始索力一致、荷载数量相同的情况下,两种情况的中吊杆受力状况相同,中吊杆的力值均未超过限值,符合设计要求。

表 6.3 挂篮中吊杆在模拟计算中的反力数据   单位:t

支点编号		工况划分					
		工况一	工况二	工况三	工况四	工况五	工况六
		空载	25%级	50%级	50%调索	75%级	100%级
浇筑过程调索计算结果	SYZD1	7	19	25	24	33	36
	SYZD2	−62	−10	32	7	73	80
	XYZD2	−62	−10	32	7	73	80
	XYZD1	7	19	25	24	33	36
浇筑过程不调索计算结果	SYZD1	6	18	24	—	33	36
	SYZD2	−87	−34	7	—	73	80
	XYZD2	−87	−34	7	—	73	80
	XYZD1	6	18	24	—	33	36

(2)施加 100%级荷载后挂篮最大应力值

挂篮施工安全与否主要通过挂篮的主要构件应力来决定,最大应力超过规范要求的构件需做进一步优化,满足要求后方可使用。由于 100%级荷载时挂篮受力最大,模拟分析时通过提取 100%级荷载的应力值来检验挂篮各构件是否满足应力要求。

分析计算显示,浇筑过程中调索与不调索两种情况下挂篮的主要构件应力值一致,如图 6.20 所示。在浇筑 100%混凝土时,最大应力出现在后支点三角桁架主纵梁(承受三角斜拉带、中支点及后锚点传递的荷载)(140 MPa),满足钢材的规范要求允许应力(345 MPa)。吊杆的最大应力出现在后支点挂篮前端连接三角桁架外主从梁和外行走主梁的吊杆上,最大应力为 127 MPa,满足 Q345 钢材的规范允许应(345 MPa)的要求。挂篮弧形主梁的应力相对较小,可见挂篮弧形主梁有较高的安全系数。底平台分配梁采用 Q235 钢材,钢材容许应力为 235 MPa。分析结果显示,这些构件也满足要求。

分析计算时,斜拉索及横向预拉带按照桁架单元建立模型。如图 6.21 所示,分析计算时的挂篮桁架单元的应力值为 298 MPa,每索采用 19ϕ^s 15.24 钢绞线,强度为 1 860 MPa,因此也满足要求。每索长度约 50 m,每索受力为 19×24 t×70% = 319.2 t,两索可受力 638.4 t。实际试验加载质量和挂篮的部分质量相加后,作用在斜拉索上的合力经保守计算约为 350 t,安全系数约为 1.824。

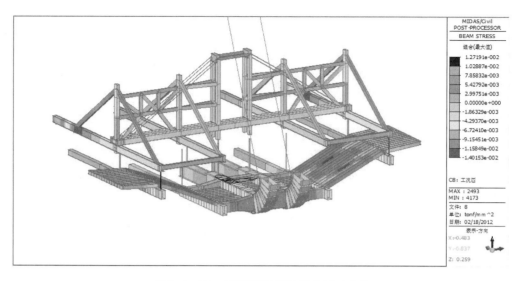

图 6.20　100% 级荷载下挂篮梁单元组合应力值

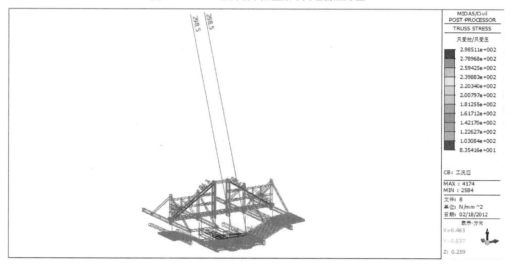

图 6.21　100% 级荷载下挂篮桁架单元组合应力值

（3）各工况下中支点反力变化情况

前后支点组合式挂篮的后支点挂篮系统在浇筑过程中要承担一部分力值,而承担这部分力值的梁体在这些位置属于无腹板区域,这就有别于其他形式的挂篮。设计单位从梁面的承载力方面对这些受力部位进行了限值,即要求 4 个三角桁片的立柱处设置的支点对梁面的反力不超过 53 t。表 6.4 给出了模拟计算中 4 个支点的反力数据。由于 4 个支点位于挂篮中部,因此统称为中支点。上、下游外行走主梁处的中支点编号为 SYZ1、XYZ1;上、下游内行走梁处的中支点编号为 SYZ2、XYZ2。

从表 6.4 可以看出,浇筑过程中调索与浇筑过程中不调索两种计算结果中支点反力值基本相同。浇筑过程中,对前支点挂篮进行调索操作后,后支点挂篮系统的中支点反力未受到明显的影响。上游中支点处的支点反力随着对挂篮施加荷载的增加,支点反力也逐渐增加。100%级荷载以前 4 个支点反力均小于设计限值(53 t)。100%级荷载时,上、下游的外行走梁处的支点反力超过设计限值。由于此处支点反力可以通过横向预拉带的预拉力来调整,考虑到计算与实际施工无法完全一致,并且上、下游中支点处反力超限部分不大,所以在模拟分析计算时不做进一步调整,在后期挂篮试验中根据 100%级以前的测试力值,再考虑是否利用横向预拉带对中支点反力进行调整。

表 6.4　挂篮中支点在模拟计算中的反力数据　　　　　　　　　　单位:t

支点编号		工况划分					
		工况一	工况二	工况三	工况四	工况五	工况六
		空载	25%级	50%级	50%调索	75%级	100%级
浇筑过程调索计算结果	SYZ1	16	8	30	30	30	57
	SYZ2	17	18	19	19	19	21
	XYZ2	17	18	19	19	19	21
	XYZ1	16	8	30	30	30	57
浇筑过程不调索计算结果	SYZ1	16	8	30	—	30	57
	SYZ2	17	18	19	—	19	21
	XYZ2	17	18	19	—	19	21
	XYZ1	16	8	30	—	30	57

(4)各工况下索力变化情况

在利用普通前支点挂篮进行混凝土浇筑过程中,斜拉索变形较大,在浇筑过程中需要根据梁体的标高进行适当调整。这也是前支点挂篮区别于后支点挂篮的一个关键方面。浇筑过程中,对前支点挂篮多次进行索力调整,可以使主梁获得较理想的线形。由于前后支点组合式挂篮中有后支点部分,对组合式挂篮进行索力调整会影响到后支点挂篮的受力及变形,因此在进行主梁悬臂浇筑过程中,是否对前后支点组合式挂篮进行索力调整存在一定的争议。为全面研究挂篮的性能,在进行模拟计算时,分别按照调索与不调索两种情况进行模拟加载试验。浇筑过程中调索的模拟计算时,初始索力通过反复试算确定为 53 t。通过桁架单元赋予力值,在加载一半时进行索力调整,重新赋予力值。各工况下挂篮索力值如表 6.5 所示。

浇筑过程中不调索的模拟计算时,初始索力通过反复试算确定为 64 t。通过桁架单元赋予力值,浇筑过程中不进行索力调整。各工况下挂篮索力值如表 6.6 所示。

通过反复试算确定前后支点组合式挂篮的初始索力。浇筑过程进行索力调整时,初始索力为上、下游各为 53 t;浇筑过程不进行索力调整时,初始索力为上、下游各为 64 t。各工况下索力值变化曲线如图 6.22 所示。从表 6.5、表 6.6 可以看出,两种计算方法中,挂篮最终的索力上、下游都为 118 t,均小于斜拉索的控制索力,符合设计单位的设计索力。

表6.5　中间调索情况下理论计算斜拉索索力　　　　　　　　单位:t

项目	工况						
	工况一	工况二	工况三	工况四	工况五	工况六	工况七
上游索力	53	65	74	85	98	100	118
下游索力	53	65	74	85	98	100	118

注:工况一(空载);工况二(25%荷载);工况三(50%荷载);工况四(50%调索);工况五(75%荷载);工况六(100%荷载);工况七(120%荷载)。

表6.6　中间不调索情况下理论计算斜拉索索力　　　　　　单位:t

项目	工况						
	工况一	工况二	工况三	工况四	工况五	工况六	工况七
上游索力	64	76	85	—	98	100	118
下游索力	64	76	85	—	98	100	118

注:工况一(空载);工况二(25%荷载);工况三(50%荷载);工况四(50%调索);工况五(75%荷载);工况六(100%荷载);工况七(120%荷载)。

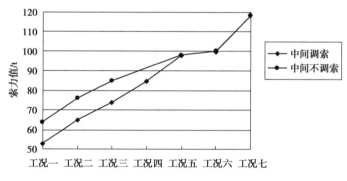

图6.22　各工况下理论计算索力变化曲线

6.3.7　挂篮整体稳定性分析

挂篮的屈曲分析又称为挂篮整体稳定性分析。稳定问题是力学中的一个重要分支,是桥梁工程中经常遇到的问题,与强度问题有着同样重要的地位。随着桥梁跨径的不断增大,桥塔高耸、箱梁薄壁以及高强材料的应用,导致结构整体和局部的强度下降,使得稳定问题显得比以往更为重要。

结构失稳是指结构在外力增加到某一量值时,稳定性平衡状态开始丧失,稍有扰动,结构变形迅速增大,是结构失去正常工作能力的现象。在桥梁结构中,总是要求其保持稳定平衡,也即沿各个方向都是稳定的。结构稳定性的研究先后经历从小范围到大范围内两个阶段,相继出现了研究结构稳定的两种形式:第一类稳定为分支点失稳问题;第二类稳定为极值点失稳问题。后来也出现了另外一种失稳形式,即跃越失稳,是一种不同于以上两种类型的失稳。它既无平衡分岔点,又无极值点,是在丧失稳定平衡之后跳跃到另一个稳定平衡状态。

实际工程中,稳定问题一般都表现为第二类失稳。但是由于第一类稳定问题是特征值问题,求解方便,在许多情况下两类问题的临界值又相差不大,因此往往通过研究第一类稳定问题来求解结构稳定安全系数。对第一类稳定问题进行非线性。有限元分析时,常采用式(6.1);对第一类稳定问题进行线弹性有限元分析时,常采用式(6.2)。

$$\{P\}_{cr} = (\lambda_0 + \lambda_\alpha)\{P\} = \lambda\{P\} \tag{6.1}$$

式中　λ——结构在荷载$\{P\}$作用下较精确的稳定安全系数。

$$|[K] + [K_1]_\sigma + \lambda[K_2]_\sigma| = 0 \tag{6.2}$$

式中　$[K_1]_\sigma$——一期恒载初内力刚度矩阵;

　　　$[K_2]_\sigma$——后期荷载的初内力刚度矩阵。

求得的最小特征值 λ 就是后期荷载的安全系数,相应的特征向量就是失稳模态。

MIDAS/Civil 的线性屈曲分析(Linear Buckling Analysis)功能主要用于求解由桁架、梁单元或者板单元构成的结构临界荷载系数(Critical Load Factor)和分析对应的屈曲模态(Buckling Mode Shape)。在一定变形状态下的结构的静力平衡方程式可以写成下列形式:

$$[K]\{U\} + [K_G]\{U\} = \{P\} \tag{6.3}$$

式中　$[K]$——结构的弹性刚度矩阵;

　　　$[K_G]$——结构的几何刚度矩阵;

　　　$\{U\}$——结构的整体位移向量;

　　　$\{P\}$——结构的外力向量。

结构的几何刚度矩阵可通过将各个单元的几何刚度矩阵相加而得,各个单元的几何刚度矩阵由以下方法求得。几何刚度矩阵表示结构在变形状态下的刚度变化,与施加的荷载有直接的关系。任意构件受到压力时,刚度有减小的倾向;反之,受到拉力时,刚度有增大的倾向。

通过特征值分析求得的解有特征值和特征向量。特征值就是临界荷载,特征向量是对应于临界荷载的屈曲模态。临界荷载可以用已知的初始值和临界荷载的乘积计算得到。临界荷载和屈曲模态意味着所输入的临界荷载作用到结构时,结构就发生与屈曲模态相同形态的屈曲。例如,当初始荷载为 100 的结构进行屈曲分析时,求得临界荷载系数为 5,这表明这个结构物受 500 的荷载时发生屈曲。但是实际上的结构不管是几何方面还是材料方面都呈现非线性性质,所以实际应用当中是有一些局限性的。MIDAS/Civil 中的线性屈曲分析局限于桁架、梁单元、板单元,分析过程要经历两个阶段,其流程如图 6.23 所示。这个过程中解得的特征值是临界荷载系数,特征值向量就成为屈曲模态。

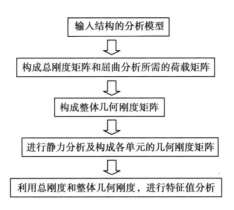

图 6.23　Midas Civil 软件屈曲分析流程图

　挂篮作为桥梁施工的一种重要设备,其稳定性对整个施工过程中的安全性有重要影响,分析挂篮的稳定性必不可少。本书对前后支点组合式挂篮做相应的屈曲分析,主要是为了取得挂篮在施工过程中稳定性系数。屈曲分析中,选取了(挂篮+拉索力+横向预拉力+标准块件荷载)作为分析荷载取值。为避免挂篮底平台的分配梁等附属构件影响屈曲分析结果,屈曲分析时选取挂篮的主体结构进行计算。通常情况下,挂篮自重不会发生太大变化,因此分析时作为常量取值。考虑到施工荷载的影响,挂篮组合系数取值为 1.2;拉索力、横向预拉力、标准块件荷载为可变荷载,荷载系数为 1.0,模态数量为 4,计算所得稳定安全系数作为临界荷载取值。临界荷载计算公式如下:

临界荷载=挂篮自重+(拉索力×组合系数+横向预拉力×组合系数+标准块件荷载×组合系数)×稳定安全系数

各模态下挂篮稳定性分析计算结果如表 6.7 所示。失稳前挂篮平面如图 6.24 所示,稳定性分析计算的相应的屈曲模态如图 6.25 所示。

表 6.7　挂篮屈曲分析结果

模态	1	2	3	4
特征值	13.678	13.687	16.576	17.981

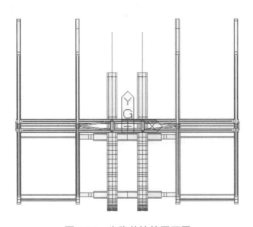

图 6.24　失稳前挂篮平面图

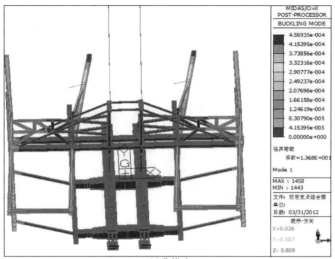

(a) 屈曲模态一

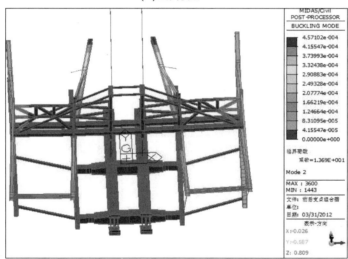

(b) 屈曲模态二

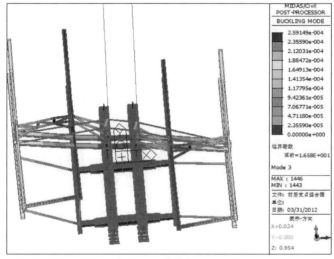

(c) 屈曲模态三

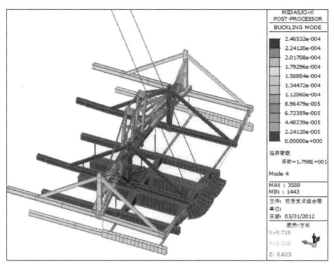

(d)屈曲模态四

图6.25　屈曲模态

从计算结果中可以看出,各模态的特征值最小出现在模态一的情况下,大小为13.678。然而在通常情况下对实际施工有价值的只有模态一,即最容易出现的失稳荷载。从稳定安全系数上分析可知,挂篮结构具有较高的安全储备。

6.4　挂篮承载力试验

根据《公路桥涵施工技术规范》(JTG/T F50—2011)①中对混凝土主梁悬臂施工过程的相关规定,使用挂篮进行悬臂施工时,挂篮在试拼完成后必须进行荷载试验。重庆双碑嘉陵江大桥所用前后支点组合式挂篮作为国内首次使用的挂篮形式,进行荷载试验是必不可少的环节。通过荷载试验,得出挂篮的实际位移应力数据,以指导挂篮悬浇施工。

6.4.1　试验概况及目的

挂篮试验是消除非弹性变形、掌握挂篮性能、取出挂篮参数的重要手段。在以往国内外的各种不同规模的挂篮施工项目中,均进行了不同形式的挂篮试验。例如,学者许佳平提到的通化西昌斜拉桥,该桥为单索面预应力混凝土斜拉桥,挂篮形式为牵索复合型前支点挂篮;宋伟俊提到的重庆大佛寺长江大桥,该桥为双塔双索面预应力混凝土斜拉桥,挂篮形式为前支点挂篮;李晓亮提到的重庆涪陵乌江二桥,该桥为双塔单索面预应力混凝土斜拉桥,挂篮形式为后支点三角挂篮;其他已建及在建的挂篮施

---

① 当时采用此规范,现行规范为《公路桥涵施工技术规范》(JTG/T 3650—2020)。

工中均进行了挂篮试验,通过挂篮试验对挂篮的性能有了进一步掌握,同时挂篮试验也是规范要求的项目。可见,挂篮试验是挂篮施工项目中必不可少的一个环节,计划缜密的挂篮试验可以为后期施工提供各项必要的参考数据。

重庆双碑嘉陵江大桥为高低塔单索面预应力混凝土斜拉桥,主桥全长 644.43 m,跨度布置形式为 75 m+145 m+330 m+95 m,主跨最大跨径为 330 m。上部主梁为单箱三室斜腹板结构,梁宽 32.5 m,节段长度有 4 m、7 m、8 m 多种规格,节段质量从 329 t 到 702 t 不等。边跨除 1 号块长 4 m 外,2 号至 29 号均为 7 m;中跨 1 号块长 4 m,2 号至 28 号为 7 m,29 号为 8 m。最重节段为边跨 20 号块,质量为 702 t;辅助墩旁的节段达到 568 t,标准节段质量为 463 t。

挂篮按靠近辅助墩的 19 号节段控制设计。挂篮由三角主桁系统、底平台、锚固系统、行走系统、横向预拉系统、水平止推装置、悬吊系统组成,质量约 240 t。通过设置安全平台步道等,挂篮最后的最大质量为 269 t。重庆双碑嘉陵江大桥 0 号块采用托架施工,在 0 号块上拼装挂篮,后续梁段采用挂篮施工。挂篮试验在 1 号块位置进行,加载质量以标准节段控制,并且乘以系数 1.2,作为加载总质量。

通过对前后支点组合式挂篮的性能试验,测定挂篮的自重,为施工控制积累数据;掌握挂篮各部位构件强度和刚度的数据与变化规律;模拟混凝土的浇筑过程进行加载,以验证挂篮结构是否满足施工作业的安全性要求,有利于对挂篮在混凝土浇筑过程中的变形控制,从而使主梁混凝土施工符合安全和质量要求。

挂篮试验主要以挂篮作为整体进行加载试验,即挂篮在现场整体组装完成后进行,采取模拟混凝土浇筑工艺过程进行加载,以检验挂篮的整体强度和稳定性,以保证挂篮施工的绝对可靠和混凝土结构安全。

6.4.2　试验荷载

主梁的节段形式比较多,最重节段质量达到 700 t 以上;标准节段长度为 7 m,节段质量为 463 t,标准节段数量最多。在以前的挂篮试验中,往往都是采用质量最大的节段作为控制荷载,然而本桥中最终块件在 19 号块。若选择最终块件作为控制荷载,传递到已浇梁段的水平推力很大,对已浇梁段造成的影响不明确。因此,考虑到前后支点组合式挂篮是一种新颖的挂篮设计,在宽桥面、长节段、重梁段的挂篮试验中没有成功的试验及施工经验可循,同时从实验安全性考虑,挂篮预压荷载试验采用块件数量最多的主梁标准块件混凝土数量,并乘以系数 1.2 作为试验控制。标准块件混凝土数量为 178.00 m^3,容重取 2 600 kg/m^3,质量为 462.8 t;内模荷载重为 30 t,施工荷载重为 2 t,合计加载总质量为 462.8+30+2 = 494.8 = 495(t),按 1.2 倍加载系数计算,需超载 99 t,总加载质量为 495×1.2 = 594(t)。标准节段横断面如图 6.26 所示,挂篮加载布置纵断面如图 6.27 所示。

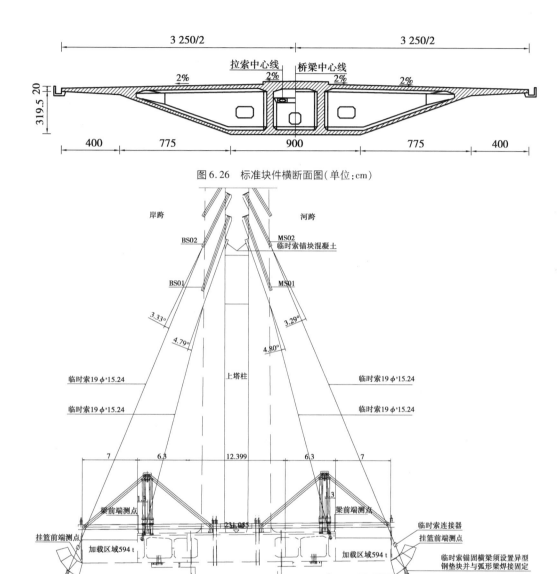

图6.26　标准块件横断面图(单位:cm)

图6.27　挂篮加载布置纵断面图(单位:m)

挂篮前端设置临时斜拉索进行支承,每个挂篮用2根钢索,横向布置与施工设计图要求相同。索上端进入塔柱2号索孔并用挤压锚为固定端,索下端与挂篮上锚固横梁相连接为张拉端。期间同样使用连接器装置,并将锚固横梁置于挂篮弧形梁适当位置,临时斜拉索与2号索孔存在3～4°夹角。

根据120%荷载电算结果,挂篮前端索力值为2×118 t＝236 t,每索采用23ϕ^s15.24钢绞线,强度为1 860 MPa,每根索长度约50 m,每根索受力按23×24 t×50%＝276 t,两根索可受力552 t,安全系数为2.33。

实施时,采用钢绞线每索为23股,采用锚板OVM-27,采用挤压锚头,下端为张拉端,通过夹片锚和连接器锚于挂篮前端弧形梁上,用不小于350 t千斤顶进行张拉。

6.4.3 试验地点及方式

将挂篮置于 0 号块上并在 1 号块浇筑前进行加载试验,两边挂篮(即东、岸跨侧)同时进行,采用堆载方式进行挂篮整体荷载试验。岸跨采取调索方式进行加载试验,河跨采取不调索方式进行加载试验。每级加载后持荷时间为 2 h,加载完成后持荷24 h 才能卸载。试验过程中,在岸跨挂篮及块件上检测支点反力、索力、吊杆力、挂篮前端位移和老混凝土的增量应力及位移,对挂篮所能测试的项目均进行测试。

6.4.4 试验程序

主要试验程序为:挂篮前移到位→安装检测设备→调整初始标高→布置测点→检测原始承力值(前中后吊锚杆)→安装斜拉索并放松前端内吊杆→检测前中后吊锚杆力值及初始标高→分级加载及测量力值和标高→调整索力后测量力值和标高(岸跨50% 荷载时调整索力;河跨 50% 荷载时比较理论与测量数据确定后,再决定是否调整索力)→全部加载完毕及测量力值和标高→持续荷载 24 h→再次测量力值和标高→分级卸载及放松索力→至初索力并测量标高→检查验证试验结果→确定混凝土作业阶段。

6.4.5 试验材料的选取

挂篮试验所需材料的选取受挂篮试验所需荷载的施加方式的制约,通常情况下应因地制宜,遵守既能准确反映现浇混凝土对挂篮的作用,又能缩短加载周期、便于施工、节约成本的原则。通过对国内外挂篮试验加载方式的研究,发现挂篮试验的加载形式多种多样,如沙袋、水箱配重、钢筋水泥等原材等。

6.4.6 分级加载划分

按标准块件结构进行分块划分,计算出分块混凝土的质量,将模板及施工荷载按使用部位分摊到分块混凝土的质量中去,得出分块混凝土的加载质量。因此,加载总质量按 594 t 进行控制,荷载系数取 1.2。

加载试验按五级加载完成(图 6.28、图 6.29),第 1~4 级加载,每次加载约 123 t,4 次共加载 495 t,加载至 100% 荷载,第五级加载 99 t,为超载 1.2 倍荷载。分级加载步骤如下:

①第 1 级加载到 25%,质量约 123 t,布置范围为底板、部分斜腹板、部分腹板、部分横隔板;

②第 2 级加载到 50%,质量约 125 t,布置范围为部分斜腹板、部分腹板、部分横隔板;

③第 3 级加载到 75%,质量约 125 t,布置范围为部分腹板、部分横隔板、部分顶板;

④第 4 级加载到 100%,质量约 122 t,布置范围为部分横隔板、部分顶板、翼板;

⑤第 5 级加载到 120%,作为超载部分,质量约 99 t,在完成 100% 标准段荷载后施加,并按比例布置在横断面上。

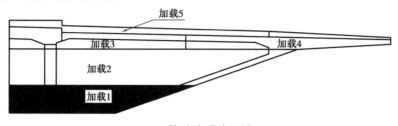

(a)第1级加载布置图

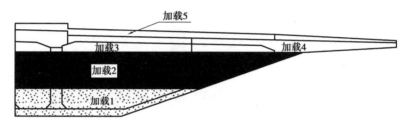

(b)第2级加载布置图

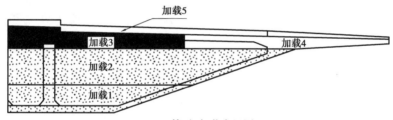

(c)第3级加载布置图

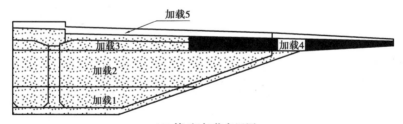

(d)第4级加载布置图

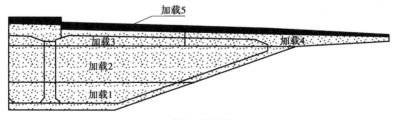

(e)第5级加载布置图

图 6.28　加载布置图

（a）空载布置　　　　　　　　　　　　　　（b）25%荷载布置

（c）50%荷载布置　　　　　　　　　　　　（d）75%荷载布置

（e）100%荷载布置　　　　　　　　　　　　（f）120%荷载布置

图6.29　实际加载

6.4.7　试验相关流程

为更好地掌握前后支点组合式挂篮的各项性能，试验时对岸跨和河跨的两套挂篮分别采用调索及不调两种试验操作流程，并对挂篮各项数据进行观测，以期能从调索和不调两种情况下的加载试验中，对挂篮的性能指标有更加深入的探索及掌握。

（1）一次调索工况工艺流程

①初始状态：4根尾吊杆预受力为4×40 t；6根中吊杆各点预受力为6×5 t；外侧三

角挂篮后一组反锚梁预拉力为 2×5 t,前一组反锚梁与挂篮纵梁之间预留空隙为 10 mm。斜拉索初张拉索力:挂篮容许范围为 50~100 t,理论计算张拉值为 64 t,理论计算挂篮前端变形为+25 mm。横向预拉千斤顶预拉 2×15 t(其中,前面一个千斤顶先做放松试验,测定最小拉力值,同时测挂篮中支点反力)。挂篮外侧标高预抬+25 mm。

②加载到 25% 级荷载,进行各项测量,不作受力调整。

③加载到 50% 级荷载后进行各项测量。横向预拉千斤顶预拉至 2×25 t,同时测挂篮中支点反力。

④加载到 50% 级荷载时进行调整(由于计算的一半荷载与实际有一定出入,其数据需要与现场情况进行修正),理论计算索力值增加至 85 t,理论计算挂篮前端变形为 +9 mm。二次拉索力:如实际数据与理论数据比较一致,则不调索;若不一致,则对索力进行调整。理论计算外侧三角挂篮后一组反锚梁拉力约为 2×6.4 t,前一组反锚梁与挂篮纵梁之间预留空隙压紧(先进行测量,再压紧)。进行各项测量:对横向偏载 20 t 进行试验,上游先施加 10 t,测量数据;无问题后,再在上游偏载加载至 20 t,测量数据;偏载试验完成后,恢复至平衡对称加载。

⑤加载到 75% 级荷载进行各项测量,不作受力调整。横向预拉千斤顶预拉至 2× 50 t,进行各种测量。

⑥加载到 4PX/4,进行各项测量。理论计算斜拉索力值为 100 t,挂篮前端变形为 −1 mm。

⑦加载到 100% 级荷载下进行调索,斜拉索力调至 111 t,理论计算挂篮前端变形至+5.0 mm。这一步可以调索,也可以不调索,具体试验中根据指令进行。

⑧横向预拉千斤顶调整至 2×65 t。

⑨加载到 120% 级荷载,进行各项测量。理论计算斜拉索力值为 118 t,挂篮前端变形为 0 mm。

⑩分析数据,必要时进行补充测量。

⑪将挂篮内桁片前吊杆锁紧,持荷 24 h,进行最大温差测量。

⑫对加载荷载进行卸载。卸载过程中,横向预拉力与加载过程中横向预拉力一样进行卸载,同时收集测量数据。

⑬分析整理数据。

(2)多次调索工况工艺流程

①初始状态:4 根尾吊杆预受力为 4×40 t;6 根中吊杆各点预受力为 6×5 t;外侧三角挂篮后一组反锚梁预拉力为 2×5 t,前一组反锚梁与挂篮纵梁之间预留空隙为 10 mm。斜拉索初张拉索力:挂篮容许范围为 50~100 t,理论计算张拉值为 53 t,理论计算挂篮前端变形为+19 mm。横向预拉千斤顶预拉至 2×15 t,同时测挂篮中支点反力。挂篮外侧标高预抬+25 mm。初始状态进行全测量。

②加载到 25% 级荷载,进行各项测量,不作受力调整。

③加载到 50% 级荷载后进行各项测量。横向预拉千斤顶预拉至 2×25 t,同时测挂篮中支点反力。

④加载 50% 级荷载时进行调整。二次张拉索力:挂篮容许范围为 50～250 t,理论计算张拉索力值为 85 t,理论计算挂篮前端变形为+9 mm。理论计算外侧三角挂篮后一组反锚梁拉力约 2×6.4t,前一组反锚梁与挂篮纵梁之间预留空隙压紧(先进行测量,再压紧)。进行各项测量。

⑤加载到 75% 级荷载进行各项测量,不作受力调整。横向预拉千斤顶预拉至 2×50 t,进行各种测量。

⑥加载到 100% 级荷载,进行各项测量。理论计算斜拉索力值为 100 t,挂篮前端变形为-1 mm。

⑦加载到 100% 级荷载下进行调索,斜拉索力调至 111 t,理论计算挂篮前端变形为+5.0 mm。这一步可以调索,也可以不调索,具体试验中根据指令进行。

⑧横向预拉千斤顶调整至 2×65 t。

⑨加载至 120% 级荷载,进行各项测量。理论计算斜拉索力值为 118 t,挂篮前端变形为 0 mm。

⑩分析数据,必要时进行补充测量。

⑪将挂篮内桁片前吊杆锁紧,持荷 24 h,进行最大温差测量。

⑫对加载荷载进行卸载。卸载过程中横向预拉力与加载过程中横向预拉力一样进行卸载,同时收集测量数据。

⑬分析整理数据。本次挂篮性能研究试验中,考虑相关克服温度影响措施。在挂篮加载完成后,进行 24 h 测量。一岸将中间前吊杆拧紧,并预拉 10 t 的力,进行 24 h 观测;另一岸中间前吊杆不拧紧。对温度的变化引起的变形及内力进行检测并应详细记录。

(3)相关试验技术措施

①挂篮到位后,按挂篮设计要求进行锚固、剪力键安装、挂篮调整、安装检测装置(压力环、应变片、千斤顶)、布置检测点位等工作。

②因挂篮前端设置的临时斜拉索上端穿入塔柱 2 号索孔,所对应的下端在弧形梁位置处需设置异型垫块,以满足锚固横梁与索轴线为垂直关系。异形垫块需重新设计几何尺寸与结构,并与弧形梁进行焊接固定,以克服水平力,完成斜拉索安装后暂不张拉索力。

③空挂篮底平台前端初始状态由三角架上吊杆承受,先将通过中支点处的吊杆将挂篮调整到与老混凝土接触为宜,再通过前吊杆的 4 台千斤顶对挂篮前初始标高进行调整到位。此时,挂篮前端标高假设为初始标高。初始标高可按纵向坡度推算或以监

控单位提供的数据确定。

④当前端初始标高到位后,进行弧形梁后锚杆进行预紧力,然后再检查前端初始标高是否有变化。确认无问题后,可将三角挂篮内桁片前吊杆下放 1~20 mm,以检验是否与设计理论值相符。

⑤张拉临时斜拉索,将斜拉索力值替换内滑道梁前端吊点力值。对空挂篮进行分级张拉,每 20 t 为一级张拉至 64 t 完成。分级张拉过程中,均检测变形、支点反力、吊杆力、斜拉力索力,并记录在案。然后分级放回初始标高状态,再测各项力值并记录。若在抬高过程中,弧形梁应力过大或索力不均等,应停止作业,及时查明原因处理后再进行。此过程用以检验挂篮在空载条件下的动作功能。

⑥将斜拉索拉分级张拉至 64 t 时,将中 6 根吊杆预紧力调整至 6×5 t,然后测量各吊杆力值和标高,并与理论值校对比较。

⑦按要求对横向预拉架两端吊杆进行分阶段施加预拉力值。

⑧模拟混凝土加载试验采取 5 个阶段完成,每阶段加载重量和位置按要求进行,并据实调整加载重量,原则上做到每次加载重量基本相等。每次加载顺序均由底向上、由中向两翼板、由前端向后端进行,基本模拟与混凝土浇筑顺序一致。每次加载均按水平进行,相关涉及腹板、斜腹板和横隔板需一同进行,其加载数量与各结构所需重量一致。这需要做详细的计算确定。

⑨每完成一个加载阶段的前,均需记录加载吨位、各测点变形值、应力值、反力值、索力值等。每完成一个加载阶段的后,均需记录加载吨位、各测点变形值、应力值、反力值、索力值等。

⑩在加载试验过程中,有加密加载阶段须对应增加检测与记录。

⑪为检验偏载对挂篮的影响,在加载过程中,可实施偏载试验,以便于实际混凝土浇筑偏载数量的控制。

⑫在第二次加载完成、横向预拉与斜拉索调整完成(如需调索)后,按在一边单独加载荷载 10 t→观察并记录各变形及力值→无问题后再继续加载至 20 t→观察并记录各变形及力值的顺序进行加载。最大偏载按 20 t 考虑,即约 1 罐车混凝土质量。偏载试验完成无问题后,再恢复到对称平衡加载状态至继续加载完成。

⑬全部加载完成后,持荷 24 h,并加强观察与分时段检测相关数据和记录。

⑭按逆向顺序分段对称进行荷载拆除。拆除过程中,要注意横向预拉架各吊杆力值要作相应减载处理,确保老混凝土结构的受力安全。

⑮通过加载试验,对其结果进行验证,对所得出各阶段加载力值与变形的关系、各吊杆锚杆、斜拉索力值及伸长值、阶段过程中加载沉降量等进行分析比较,验证各阶段加载是否与理论计算相吻合,并对存在的问题做出分析比较,提出相关调整措施,以便于对混凝土作业的掌握控制。

6.4.8 试验过程控制

为更好掌握挂篮各部件结构的性能,在试验进行的过程中,除控制加载分级之外,还分别对挂篮各重要杆件的应力应变、挂篮重要部位标高、已浇梁体应力应变进行了阶段性测试。

（1）挂篮各杆件应力应变测试

挂篮前端吊杆,横向共4根,每根用穿心油顶检测承力值,编号为SQD1、SQD2、XQD1、XQD2;挂篮中吊杆,横向共6根,其中弧形纵主梁4根,内滑梁处2根,编号为SZD1、SZD2、SZD3、XZD1、XZD2、XZD3;挂篮弧形纵主梁尾吊杆,横向共4根,编号为SWD1、SWD2、XWD1、XWD2;外片三角架后锚杆,上、下游共4组,每组锚杆2根,编号为SHM5、SHM6、XHM5、XHM6;挂篮弧形纵主梁应力测试,在理论计算的最大弯矩处贴应变片测试内应力,只取1根弧形纵主梁进行测试,布置2个测点,检测最大正负弯矩处的应力值;横向预拉架支点反力测试,共计4点,即柱脚处,编号为SZL1、SZL2、XZL1、XZL2;横向预拉架两端吊杆,共4根,采用200 t千斤顶测试,编号为SYL1、SYL2、XYL1、XYL2;在挂篮前端用400 t液压千斤顶,对临时斜拉索索力进行张拉检测力值,编号为SX1、XX1。

（2）翼板混凝土应力增量研究

在主梁0～2号块岸跨侧的翼板前端1 m处的中部和根部贴应变片,对翼板在各工况下的应力进行检测。测点共计4个。

（3）挂篮变形观测

检测挂篮前端横向及纵向各阶段变形值观测,在挂篮前端设置9个测点;老混凝土前端横向及纵向变形值观测,在前端设置5个测点。

（4）裂缝观测

在试验过程中,继续对裂缝进行观测,看是否有新增裂缝和已有裂缝继续发展的情况。

（5）监控测试元件观测

利用监控单位在0～2号块中部埋设的测试元件观测0～2号块在各工况下的应力变化情况,并记录,以便于分析挂篮荷载试验对梁体的影响。

6.4.9 挂篮试验测试项目及成果

1）杆件承载力测试结果

在挂篮试验过程中,分别对岸跨及河跨挂篮在空载、加载25%、加载50%、加载75%、加载100%、加载120%、卸载50%及卸载完成各阶段主要受力杆件进行应力及变形测试,同时也对老混凝土应力增量进行测试,其测试结果如表6.8所示。

表 6.8　杆件承载力测试结果汇总 Ⅰ

测试项目		岸跨挂篮各阶段下主要构件应力测试值(t)							
		空载	25%	50%	75%	100%	120%	卸载50%	卸载完成
中吊杆	SZD1	7.0	25.1	41.5～34.2	51.4	55.1	65.5～66.8	35.4	0.5
	SZD2	5.5	24.8	45.6～40.3	56.6	59.4	70～71	41.5	1
	SZD3	8.2	14.8	23.5～42.4	56.4	60.1	65.9～66.3	48.9	34.6
	XZD1	7.1	7.6	10.9～7.7	17.3	21.1	23.9～24.8	4.1	6.4
	XZD2	5.7	13.4	31.5～26.3	46.7	51.8	69.5～70.3	34.9	4.2
	XZD3	7.2	19.6	26.1～22.9	34	37.3	42.1～42.5	24.4	5.6
中立柱	上游立柱	25	32	34～43.6	44	44	68～73.2	37	21
	下游立柱	22	21	21～36.1	31	59.7	78～107.8	33	13

杆件承载力测试主要是对岸跨挂篮在各阶段主要受力杆件进行应力观测。其中，50% 级加载后，分别进行加载后、调索、偏载 3 个阶段的测试；120% 级荷载加载后，分别在高温及低温等情况下进行 4 次观测。通过对主要构件的承载力的研究，以期能掌握挂篮构件在各阶段的受力性能，为后期施工提供良好的理论及试验依据。主要杆件的受力及分析结果如表 6.9 所示。

表 6.9　主要杆件受力及分析结果汇总 Ⅱ

测试阶段	测点编号	边桁前吊杆(t) QD2	三角架中支点反力(t) 内片	三角架中支点反力(t) 外片	横向预拉两端吊杆(t) 前吊杆	横向预拉两端吊杆(t) 后吊杆	边桁尾锚 前点
空载	东 S	11.9	19.3	19.6	25	15	—
	东 X	10	20.7	17.6	25	15	—
	西 S	10.9	11.3	22.8	25	15	—
	西 X	10.1	26.3	12.5	25	15	—
加载至25%	东 S	12.8	16.9	1.4	25.8	25.8	—
	东 X	10.8	19.7	1.7	21.9	14.5	—
	西 S	11.7	11.6	23.7	23.5	6.6	—
	西 X	11.4	25	12	25.6	17.6	—
加载至50%	东 S	27.2	15～22.9	26.2～8.1	32.4～40	22.3～35	—
	东 X	23	27.9～14.1	20.4～6.3	31.6～40	22.2～35	—
	西 S	21.6～32.4	11.2～19.6	14.6～43.6	32.2～40	20.6～35	0.5～8.9
	西 X	19.5	22.6～25.3	7.6～25	34.3～40	25.8～36.3	0.5～0.5

续表

测试阶段	测点编号	边桁前吊杆(t)	三角架中支点反力(t)		横向预拉两端吊杆(t)		边桁尾锚
		QD2	内片	外片	前吊杆	后吊杆	前点
加载至 75%	东S	22.7	17	11.6	39.9	41	—
	东X	15.1	14	12.1	38.1	36	—
	西S	21.6	10.4	25.4	37.5	28.5	2.6
	西X	23	23.5	8.4	39.6	38.4	1.7
加载至 100%	东S	57	30.7	54.6	58.8	49.2	—
	东X	57.9	16.2	53.7	57.9	57.5	—
	西S	50.4	18.4	55.3	55.4	55.4	24.9
	西X	45.3	39.1	40.3	59.2	46.6	19.4
加载至 120%	东S	63.5	20.2	53.6	66.3	75	—
	东X	66.7	19.9	55.7	66.7	75.4	—
	西S	58.2	16	56.3	72.5	75	31.3
	西X	55.1	20.8	46.4	74.5	75	26.7

（1）空载

横向预拉调整，为防止挂篮中支点力值过小，后吊杆预拉 15 t，比理论值小 10 t。边挂篮中支点力值正常，平均约为 20 t，低于设计限值 53 t；中吊杆、尾吊杆、反锚点按规定进行反锚和预拉，预拉力符合初始状态要求。

（2）25% 加载

外片桁支反力，河跨上、下游数值偏小。分析认为，测设时，操作存在系统误差，在下一次加强改进测设工艺，其余基本正常，小于设计限值 53 t。XZD1 测设值偏小，分析认为，吊杆贴片问题影响较大，下一级加载可以观察增量是否合理，其余吊杆受力正常；中立柱受力正常；反锚力为 3.3 ~ 5.7 t，理论值为 5 t，相差较小，小于设计限值 35 t。

（3）50% 加载

外片桁支反力，河跨和岸跨测设值为 20 ~ 30 t，与理论值 25 t 较为接近；XZD1 测设值偏小，但增量变化正常，也证实了前一次分析认为 XZD1 贴片的影响；中立柱受力正常；反锚力为 8 ~ 11 t，理论值为 13 t，相差不大，也小于设计限值 35 t。

（4）75% 加载

外片桁支反力，岸跨下游为 8 t，上游为 25 t，岸跨下游数值偏小，上、下游力值不一致。分析认为，测设时，操作存在系统误差，在下一次加强改进测设工艺，其余基本正常，小于设计限值 53 t；XZD1 测设值偏小，分析认为仍是贴片问题，下次测量时采取其他方法对 XZD1 进行校核。

内桁片上游中吊杆力值与理论值相比大 20 t，下游内桁片中吊杆力值与理论值一致。分析认为，在 50% 加载后实施偏载过程中，造成内上游桁片中吊杆与孔壁摩擦，导致力值突然增大。而与偏载状况测得力值相比，增量和理论值相一致，其变化趋势与理论值一致；中立柱受力正常；反锚力为 9.3 ~ 10 t，理论值为 13 t，相差较小，也小于设计限值 35 t。

（5）100% 加载

外片桁支反力，河跨上、下游数值为 53 ~ 54 t。分析认为，上、下游数值较为一致，也基本满足设计要求 53 t 的限值。岸跨上游为 55 t，下游为 40 t，力值基本满足设计限值 53 t，但上、下游存在不一致的情况。分析认为，可能是测量支反力时，上、下游未同时测量所导致，下一级加载后需加强测量一致性和测量精度；XZD1 较大测设值偏小，仅为 21 t，同时施工单位用千斤顶对此吊杆进行校验，需 59 t 力才能将螺帽打活，进一步证实此吊杆贴片存在问题，其余吊杆力值较为正常；中立柱受力正常；反锚后点力值为 14.2 ~ 17.4 t，理论值为 15 t，相差较小；反锚前点力值为 19.4 ~ 24.9 t，均小于设计限值 35 t。

在测试过程中，发现中吊杆测试结果与理论计算相差较大，采用千斤顶加上压力传感器辅助测试的方法对中吊杆、弧形梁尾吊杆以及反锚点进行复核测试。与复核测试结果相比较，基本一致，SZD3、XZD1 相差较大，复核测试中 SZD3 力值为 36.2 t，XZD1 力值为 59.1 t，与理论值更接近，且整体上更对称。因此，认为复核测试结果更准确。试验研究分析时，这几个点采用复核测试的结果。

（6）120% 加载

外片桁支反力，河跨为 54 ~ 56 t，略大于设计限值 53 t，岸跨上游为 56 t，下游为 46 t，上游略大于设计限值 53 t。分析认为，在以后实际浇筑中可加大对横向预拉吊杆力值，使外片桁支反力小于 53 t；XZD1 测设值偏小的问题依然存在，千斤顶校核力值大于测设力值，证明该点贴片存在问题；其余中吊杆力值略大于理论计算，其偏差在正常范围内；中立柱受力正常；反锚后点力值为 14 ~ 17 t，理论值为 15 t，相差较小；反锚前点力值为 26 ~ 31 t，均小于设计限值 35 t。

（7）卸载

卸载时，按逆向顺序分段对称进行荷载拆除，横向预拉架各吊杆力值也随卸载进行相应减载处理。河跨及岸跨挂篮同时卸载至 50% 时，岸跨进行调索至原加载至 50% 的索力，河跨不调索，然后进行各项数据测量，测量完毕后再将荷载卸载完毕，进行各项数据测量。

外片桁支反力，上、下游分别为 24.2 t、12.8 t，上游比下游略大，其平均值与理论计算值 18 t 接近；弧形梁中吊杆为 0.5 ~ 6.4 t，正常；内桁片中吊杆 1 数据略大，达 34.6 t，中吊杆 6 正常。分析认为，偏载时对吊杆 1 的影响，导致偏载后一直存在上游内桁片中吊杆 1 数值偏大；中立柱受力正常；反锚力为 6 t，理论值为 5 t，相差较小，也小于设计限值 35 t。

其中,挂篮主要受力杆件各阶段下轴力测试如图 6.30 所示。从图 6.30 可以看出,测点 XZD1 杆件的力值与其他杆件力值相差较大。因此,可以认为该处仪器存在损坏现象,其余各点测试值均接近理论值。

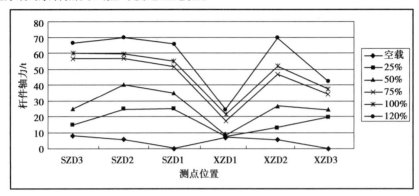

图 6.30 挂篮主要受力杆件各阶段下轴力测试图

2)索力测试结果

挂篮实验过程中,斜拉索索力采用如下方式控制:河跨按中间不调索,岸跨按中间一次调索。

(1)空载

斜拉索初张力为 64 t。

(2)加载至 25%

岸跨索力上、下游均为 63 t,与理论值 65 t 相差 2 t;河跨索力上游为 70 t,下游为 76 t,理论值为 76 t,平均值相差 3 t。河跨上、下游索力值略显不均,差值约 6 t。由于两索距离较近,差值基本正常。

(3)加载至 50%

岸跨索力上游为 79.3 t,下游为 74.6 t,与理论值 74 t 平均相差 3 t;河跨索力上游为 75.3 t,下游为 85.4 t,理论值为 85 t,平均值相差 5 t。河跨上、下游索力值略显不均,差值约 10 t。由于两索距离较近,差值在可控范围内,有可能因读数误差造成。

(4)加载至 75%

岸跨索力上游为 107 t,下游为 103.5 t,与理论值 98 t 平均相差 7 t。分析认为,虽然索力比理论值略大,但相差不大,属正常现象。河跨索力上游为 97.9 t,下游为 99.2 t,理论值为 98 t,与理论值较为吻合,索力控制较理想。

(5)加载至 100%

岸跨索力上游为 105.8 t,下游为 101.2 t,与理论值 100 t 相比略大 1～5 t,属正常情况;河跨索力上游为 103.5 t,下游为 99.2 t,理论值为 100 t,与理论值相比较为接近,平均值相差 2 t,正常。

(6)加载至 120%

岸跨上、下游索力为 113～115 t,河跨上、下游索力为 105～108 t,与理论计算 107

t 相比,岸跨索力略大 6~8 t,河跨较为接近。分析认为,相差 6~8 t 属正常现象。

(7)卸载至 50%

岸跨索力上游为 79.3 t,下游为 74.6 t;河跨索力上游为 80.9 t,下游为 82 t,其中岸跨与加载过程一致,河跨也基本接近加载过程测试值。

(8)卸载完成

卸载完成后,岸跨索力上、下游均为 53 t,岸跨索力上、下游均为 64 t,回到了理论计算值。

从表 6.10、图 6.31 中也可以看出,整个试验过程中,斜拉索索力变化比较均匀。

表 6.10　斜拉索索力测试结果汇总表

测试阶段	斜拉索索力(t)			
	岸跨上游	岸跨下游	河跨上游	河跨下游
空载	53	53	64	64
加载至 25%	63	63	70	76
加载至 50%	79.3	74.6	75.3	85.4
加载至 75%	107	103.5	97.9	99.2
加载至 100%	105.8	101.2	103.5	99.2
加载至 120%	112~115	113~115	105~108	105~108
卸载至 50%	79.3	74.6	80.9	82
卸载完成	53	53	64	64

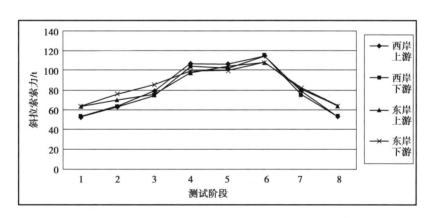

图 6.31　索力测试结果图

3)变形测试结果

试验过程中,在挂篮前端、0 号块分别布置变形观测点(图 6.32),重点关注挂篮前端布置的 9 个测点。通过对挂篮在加载过程中的变形观测来分析挂篮刚度是否满足要求。

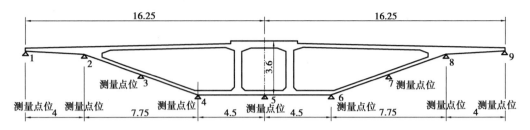

图 6.32　挂篮前端 9 个测点位置示意图(单位:m)

表 6.11、图 6.33、表 6.12、图 6.34 所示为挂篮前端 9 个测点在每级加载后测试标高与翼板预拱调整到位后的标高差值。

表 6.11　调索情况下挂篮变形测试结果

工况	测点								
	1	2	3	4	5	6	7	8	9
加载到 25%	−2	−8	−15	−17	−18	−20	−14	−5	1
加载到 25% 复测	−3	−8	−16	−17	−19	−20	−16	−6	1
加载到 50%	−1	−17	−27	−27	−23	−28	−27	−19	−7
调索至 85 t	−9	−16	−21	−19	−14	−20	−22	−18	−12
上游偏载 20 t	−19	−24	−24	−18	−15	−22	−22	−16	−4
加载到 75%	−2	−22	−32	−32	−27	−35	−31	−19	−1
加载到 100%	−41	−40	−39	−35	−29	−38	−40	−37	−34
加载到 100% 复测	−37	−39	−38	−37	−31	−39	−41	−40	−38
加载到 120%	−43	−43	−44	−42	−38	−46	−46	−45	−44
加载到 120%(9 h)	−44	−46	−46	−43	−37	−47	−47	−47	−44

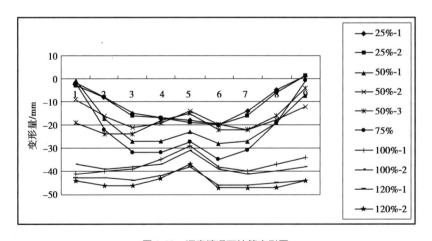

图 6.33　调索情况下挂篮变形图

表6.12　不调索情况下挂篮变形测试结果

工况	测点								
	1	2	3	4	5	6	7	8	9
加载到25%-1	6	0	−8	−7	−14	−16	−8	3	9
加载到25%-2	5	0	−10	−8	−14	−18	−8	2	8
加载到50%	1	−8	−18	−16	−23	−25	−18	−8	1
加载到75%	11	−6	−26	−27	−35	−38	−26	−6	15
加载到100%-1	−34	−27	−32	−31	−36	−40	−36	−35	−48
加载到100%-2	−33	−27	−33	−32	−37	−40	−38	−35	−46
加载到120%-1	−48	−33	−38	−37	−42	−45	−43	−41	−59
加载到120%-2	−45	−32	−39	−38	−42	−46	−42	−41	−57
加载到120%-3	−45	−32	−37	−38	−44	−47	−43	−42	−57

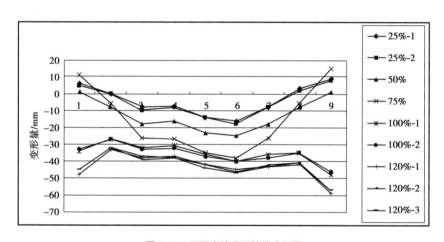

图6.34　不调索情况下挂篮变形图

（1）空载

从初始标高观察,将中片三角桁片前吊杆放松后,底平台有安装误差,上、下游约12 mm高差。当底平台调平后,会导致上、下游吊杆力、索力不均。分析认为,按现有底平台情况进行加载,分析变形规律,不调整安装误差;在斜拉索从0张拉到初始索力时,河跨底平台平均变形为36 mm,理论值为25 mm;岸跨底平台平均变形为20 mm,理论值为19 mm;河跨变形比理论值偏大。分析认为,挂篮的实际刚度可能比理论略小,非弹性变形也可能有一定影响。

（2）加载至25%

河跨底平台标高平均下降13 mm,理论下降9~10 mm,实际偏大约3 mm;翼板边桁片处基本未变形,边桁与底平台高差变化13 mm,变形符合理论计算规律;岸跨底平台平均变形为18.5 mm,变形比理论值略大8 mm,变形略大。分析认为,荷载较小,有非弹性影响,下一级再观察。

（3）加载至50%

河跨底平台标高平均下降8 mm,理论下降7 mm,与理解计算较为吻合;翼板边桁处平均下降9 mm,理论下降11 mm,与理论计算较为接近;岸跨底平台平均变形为8 mm,理论值为8 mm,变形较好。翼板边桁处平均下降11 mm,理论下降11 mm,与理论计算一致。

（4）加载至75%

河跨底平台标高平均下降12 mm,理论下降11 mm,与理论值较为接近,变形较好;翼板边桁处平均下降2 mm,理论下降1 mm,与理论计算较为接近;岸跨底平台平均变形13 mm,变形比理论值略大11 mm,与理论值变形较接近;翼板边桁处平均下降3 mm,理论下降1 mm,与理论计算相比变形偏大,但变形趋势符合理论计算规律。

（5）加载至100%

河跨底平台标高平均下降2 mm,理论下降1 mm,与理论计算较为接近;翼板边桁处平均下降25 mm,理论下降18 mm,与理论计算相比变形偏大,但变形趋势符合理论计算规律;岸跨底平台平均变形为2 mm,变形比理论值略大1 mm,变形正常;翼板边桁处平均下降18 mm,理论下降18 mm,与理论计算一致。

测点1和测点9变形与理论值相差较大。数据显示,特别是在75%荷载到100%荷载阶段两测点下挠较大,是整个挂篮的翼缘往下降,调索与不调索差别比较明显。岸跨调索情况下,两个阶段的同一测点最大下挠39 mm,比理论值大19 mm左右;河跨不调索情况下,两个阶段的同一测点最大下挠63 mm,比理论值大40 mm左右,相差较大。

（6）加载至120%

河跨底平台标高平均下降5 mm,理论下降5 mm,与理论计算一致;翼板边桁处平均下降6 mm,理论下降8 mm,比理论计算略小,属正常范围;岸跨底平台平均变形为5 mm,变形比理论值略大5 mm,变形与理论计算一致;翼板边桁处平均下降5 mm,理论下降8 mm,比理论计算略小,属正常范围。

（7）卸载

卸载时,按逆向顺序分段对称进行荷载拆除,横向预拉架各吊杆力值也随卸载进行相应减载处理。河跨和岸跨挂篮同时卸载至50%时,岸跨进行调索至原加载至50%的索力,河跨不调索,然后进行各项数据测量。测量完毕后再将荷载卸载完毕,进行各项数据测量。

卸载完成后,河跨底平台标高与原始标高相差0~9 mm,考虑非弹性影响和测量误差,属正常;岸跨底平台与原始标高相差2~7 mm,考虑非弹性影响和测量误差,属正常。而挂篮两侧变形过大,可以反映出后支点挂篮刚度不足,因此试验后需根据试验结果及施工要求对挂篮做进一步调整。

4）翼板混凝土应力增量

为掌握 0 号块二次浇筑的翼缘混凝土上应力增量,试验时分别在岸跨 0 号块 2 次浇筑的翼缘混凝土上、下游对称粘贴 4 个应变计进行增量测试,编号为自上游往下游依次为 1、2、3、4。各级加载到位后测试结果如表 6.13、图 6.35 所示,应力值为每级加载后混凝土相对于初读数时的应力增量。

在加载的各个阶段,混凝土的应力增量均比较小,呈有规律的变化。从测试的数据分析,测点 1 的应力增量变化异常。通过对挂篮的各阶段加载情况比较,测点 1 的应力增量应与测点 4 接近,综合测点 2、测点 3 的测试结果以及受到现场施工影响,可以判断测点 1 的仪器可能在裂缝修补时被碰到。因此,该测点数据不能作为研究数据使用,其余测点数据正常。

表 6.13　翼板混凝土应力增量

测点位置	岸跨挂篮各阶段翼板混凝土应力增量(MPa)							
	空载	加载至 25%	加载至 50%	加载至 75%	加载至 100%	加载至 120%	卸载至 50%	卸载完成
1	−0.702	−1.482	−1.755 ～ −2.73	−1.326	−4.641	−4.68 ～ −4.953	−5.343	−6.045
2	−0.117	−0.273	−0.468 ～ −1.56	0.351	0.702	0.234 ～ 0.741	−0.078	0.156
3	−0.156	−0.078	−0.039 ～ −0.897	0.507	0.78	0.273 ～ 0.663	0	−0.195
4	−0.195	−0.429	−0.429 ～ −1.131	0.351	0.039	−0.234 ～ 0.156	−0.429	−0.351

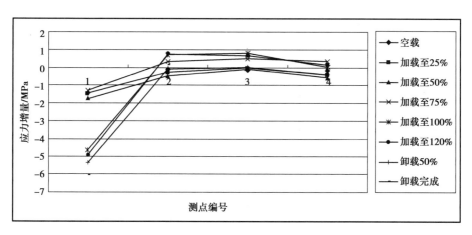

图 6.35　调索情况下挂篮各阶段翼缘混凝土应力增量图

5）弧形梁、三角桁片应力增量测试结果

弧形梁、三角桁架刚度对挂篮整体刚度有很大影响。因此,在试验过程中分别在调索的岸跨挂篮的上游弧形梁、上游外三角桁片粘贴应变计,进行应力增量测试,增量值为各级读数与初读数差值。测试结果如表 6.14、图 6.36 所示。

表6.14　弧形梁、三角桁片应力增量测试结果

测点位置	岸跨挂篮各阶段下弧形梁、三角桁片应力增量（MPa）							
	空载	加载至25%	加载至50%	加载至75%	加载至100%	加载至120%	卸载至50%	卸载完成
弧形梁顶缘	45.2	10.2	−16.6~3	−19.8	−36	−49~−53.8	0.8	60.6
弧形梁低缘	105.4	50.4	1~35.2	−16.8	−38.2	−70.6~−78.6	30.2	122.6
上游外三角桁片上缘	−9.4	−10.8	−8~−10.8	−19.8	−21.8	−30.6~−35.6	−50.6	−75.8
上游外三角桁片下缘	−4.2	−8.4	−13.4~−20.8	−29.6	−37.6	−44.2~−48.8	−15	−19.6

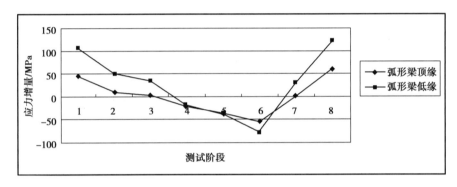

图6.36　调索挂篮各阶段下弧形梁应力增量图表

从实验数据中可以看出，在试验的各个阶段弧形梁及三角桁架的应力增量均比较正常，在可控范围之内。由于增量值是对应于初读数，而在空载、50%荷载调索过程中，弧形梁应力增量变化比较大，因此需从设计角度考虑弧形梁刚度是否满足设计及施工要求。

6）裂纹观测

在试验过程中，也对老混凝土的裂纹进行了定期观察。在试验过程中，老混凝土上的裂纹未发现有扩展以及新增现象。

6.5　挂篮施工

6.5.1　挂篮施工流程

前后支点组合挂篮结构体系复杂，对已浇筑混凝土结构的作用力限制也非常严格，相应施工工艺和施工控制要求也非常高。挂篮从行走到混凝土浇筑完成，标准节段采用多次调索施工，工艺流程如下：

①安装、检查行走吊杆、托轮；

②延长轨道梁，润滑，检查轨道前端牵引千斤顶；

③挂篮底平台整体下降 10～15 cm；

④拆除预拉桁片上千斤顶；

⑤拆除预拉钢带、底撑、立柱柱脚；

⑥拆除箱梁上所有吊杆，行走系统复检；

⑦轨道梁上 4 台牵引千斤顶同步行走，牵引力控制在 10 t 以内；

⑧后锚（压）梁同步倒换，每 3.5 m 倒换一次，2 次行走到位；

⑨安装预拉桁片立柱柱脚、底撑、钢拉带；

⑩安装主吊杆、预拉吊杆；

⑪底平台整体提升到浇筑位置；

⑫随后对主吊杆（50 t）、预拉吊杆（30 t）、后锚杆（5 t）分别进行张拉，并放松中间两片前支点挂篮的前吊杆；

⑬斜拉索挂索并接长后锚于张拉梁；

⑭初调立模标高，绑扎钢筋、敷设模板；

⑮斜拉索初张拉（100 t），边纵梁张拉；

⑯复调立模标高，弧形梁预抬 25 mm，边纵梁预抬 25 mm；

⑰浇筑一半混凝土；

⑱斜拉索复张拉（200 t），预拉吊杆复张拉（60 t）；

⑲浇筑剩余混凝土；

⑳索力、标高调整，紧固中间两片前支点挂篮的前吊杆；

㉑混凝土养护；

㉒张拉预应力；

㉓张拉斜拉索，体系转换，解除斜拉索接长端。

为确保施工现场对工序严格掌握，制作施工动画，对施工现场进行施工工艺技术交底。

由于挂篮横向整体性较弱，横向刚度较小，混凝土浇筑过程中，由于横向铰连接的存在，采取多次调索时，翼板位置会出现较大的几何变形。如果混凝土局部发生初凝，可能会形成扰动，所以施工过程中打破以往前支点挂篮施工多次调索的惯例，在实施过程前几个节段先采用一次调索到位、施工过程中不再调索的施工工艺。施工现场再根据实施情况逐节段进行总结分析。确实需要进行工艺调整时，再进行调整。

6.5.2　挂篮施工控制措施

（1）人员组织

①项目部对混凝土的生产、运输、浇筑实施进行全面管理与控制，确保每次混凝土浇筑质量符合要求。

②每次主梁节段挂篮施工,项目部安排现场施工管理人员(前仓)2名/班,主要工作内容分别为:一人负责对混凝土浇筑全过程的管理(包括钢筋、模板、混凝土运输、下料、浇筑、养护等质量要求);另一人负责对挂篮作业全过程的管理(包括挂篮检查、调整处理、横向预张拉、调索力标高、预应力张拉、梁体系转换等控制要求)。过程中,两人要相互沟通配合或共同完成。

③每班配置测量人员4~6名,加快测量数据收集,及时调整索力与标高。所测点位为:挂篮前端横向共6个点,即底板与斜腹板交点处、斜腹板与翼板交点下、翼板端点处。对老混凝土前端顶板需测量变形值,测点与挂篮对应。具体点位需作出布置图,并根据实际需要而增加,以满足施工需要。

④后场及拌和站主要由质检部门负责安排人员,对混凝土的检测检验、来料验证接收、前后场沟通、联系厂家调整等,确保混凝土生产、运输过程的相关技术指标等符合要求。每次浇筑安排后场管理人员不少于2名。

⑤劳务作业人员:对挂篮作业设置专门人员,共4~6名/班,负责对挂篮进行全面检查处理、横向预拉、前后中锚杆张拉、标高索力调整、体系转换等作业。对混凝土浇筑全过程安排人员,每班混凝土工8名、钢筋工4名、木工4名、抹灰工8名、普工16名。对混凝土浇筑的责任区域应作安排与明确,并有详细的记录,特别是混凝土振捣工应加强管理,确保混凝土的浇筑质量。

⑥前述作业人员可根据实际需要而增减,总的原则是:统一指挥,服从调配,加快混凝土浇筑速度,保证节段梁混凝土在初凝前浇筑完成,并有较充分的富余时间进行索力和标高的调整和完成必要的二次振捣作业,确保节段梁体混凝土浇筑质量符合要求。

⑦每次浇筑混凝土前,应提前通知混凝土生产厂,提前做好混凝土浇筑前的相关准备工作,布置好泵道,人员安排充足等。

⑧加强作业前的技术工艺交底,提出各项技术要求、质量标准;加强开盘前的实物结构检查,及时整改相关问题;对所需设备、工具、材料等应准备就绪充分、完好,满足使用要求。

(2)模板

①节段梁所用的底模、端模均为钢制模板,几何尺寸基本能够得到保证。但各内箱模板尺寸及接缝等质量容易被忽视,而且在非标段梁施工时,内箱几何尺寸随板厚的变化而变化,需注意并严格控制内箱尺寸。

②对底板模与老混凝土的连接,应加强检查与控制。有缝隙较大难以贴密老混凝土的,应查明原因并及时处理。必要时,可设置拉杆或对底模进行改造处理,使底模与老混凝土的密合,尽量达到比较理想状态。

③加强对模板间接缝质量控制,特别是防止严重的漏浆现象。因此,在模板扎缝处理应更细致认真,扎缝材料既要紧密,达到堵漏效果,又不能占据混凝土而影响结构尺寸。当然,对过大的缝隙和不好的模板必须进行更换处理。

④对于内箱模,先设置支架,再安装组合钢模板或辅助木模板拼装完成。支架可用钢管或小型钢材料进行安装。当底板钢筋安装到位后,在适当位置设置支撑钢筋,在支撑钢筋上安装内箱底压模板及侧模板,完成支架、顶板模板安装等。

⑤两边箱处的斜腹板需设置全压模方式,以满足混凝土浇筑的要求,达到最佳的混凝土密实状态。因此,需在压模适当间距和位置应设置临时开孔振捣,完成下料和振捣后进行恢复。另一方面,因内箱受混凝土的浮力影响,同时为防止各箱位移,需采取措施对其固定。方法是在中腹板设置对拉杆及内撑,将三箱模作水平位移控制,将箱内底压模与挂篮底模用对拉杆连接固定,以防止内箱模体上浮变位。稳定的模板支撑体系对加快浇筑速度,保证浇筑质量十分有利。

⑥加强质量意识教育与交底。先对模板应进行打磨,刷上良好的脱模剂。在钢筋、模板、预应力结构等安装作业中,应做到尽量减少底模板污染,确保底模清洁干净。可在底模适当位置做临时开孔,然后用高压水进行冲洗,使混凝土浇筑后的外表清洁美观、颜色一致。

(3)钢筋、预应力

①严格按照设计图完成钢筋的制作安装,确保原材料与加工安装质量。应控制好钢筋的保护层。在制作垫块时控制好尺寸要求,安装时垫块间距合适,固定可靠。要求混凝土垫块强度高,不能压碎,布置间距要适当。

②对钢筋的安装间距应符合设计要求,严格控制钢筋伸直、平整。所用丝接头、焊接接头、绑扎搭接等均应符合相关规定。特别应注意钢筋规格在各同节段主梁中的变化,严防错误发生。

③对预应力所涉及的锚板、管道、压浆管、排浆管、预应力材料、张拉、压浆封锚等,其施工作业必须符合设计和规范要求,保证质量。

④对钢筋、预应力结构的施工作业,要按安装程序相互配合,交替完成,并在作业过程中应加强保护,发现问题要及时整改完善,以避免后处理困难。

⑤所需预埋的钢筋、预埋件及其他预理预留设施,应在混凝土浇筑前完成,以避免在混凝土浇筑完成后再现埋时,可能对预应力束(管)有损坏或损伤,同时对预埋位置和深度均难以保证。因此,提前预埋可以确保预埋质量。对施工所用的相关预埋件(孔洞)等应确保质量,原则上应少埋孔洞。

(4)混凝土浇筑

①原则上,河跨与岸跨主梁节段同时浇筑混凝土,浇筑量差不大于30 t。单边主梁节段块件浇筑时,按设计、监控要求进行另一边的配重处理。

②节段梁混凝土浇筑总的顺序是:纵向由前端到后端进行,由底向上分层进行浇筑,分层厚度为30 cm左右;横向由桥轴线至上、下游对称浇筑,分层错台面宽度为2～3 m,并可据实调整,满足混凝土的分层搭接符合要求。

③分层及错台浇筑混凝土,原则上以混凝土的接合良好为宜并振捣密实。当混凝土出现不利于搭接的现象时,应及时进行下料搭接浇筑处理,并根据实际情况调整浇

筑厚度和宽度,或调整下料位置,确保主梁混凝土各部位混凝土浇筑质量良好。

④严格控制混凝土的坍落度,正常坍落度在入模或泵送时控制在 20～22 cm,并具有良好的扩展度和流动性。需每车检测,不符合要求的混凝土不得泵送和入仓进行浇筑。应提前通知混凝土生产厂家,以书面形式确定所需混凝土数量、规格及相关技术指标,特别是初凝时间要求。

⑤由于节段混凝土数量较大,标准节段约为 2×180 m^3,需正常浇筑时间约 16 h。由于浇筑到顶板处面积较大,约为 227 m^2,为确保混凝土浇筑接合及振捣密实,开盘时间最好在下午,如在下午 13—16 时开始,完成时间在次日 6—9 时。总的目的是将顶板处的大面积混凝土浇筑,宜放在夜间或温度较小的时间段内进行。

⑥严格控制混凝土的初凝时间是最重要的一个环节。根据当时气温确定混凝土的初凝控制时间,并有充分的富余量,确保混凝土的浇筑质量和有利于标高的调整。例如,浇筑完成时间为 16 h,则实际混凝土初凝时间应达到 25 h 左右为宜。这需要与混凝土厂家沟通协调解决,并予以严格保证。现场施工人员必须知道混凝土试验的确切初凝时间,以判断决定是否能开盘浇筑混凝土。当完成最后浇筑及调整索力和标高,需及时对节段梁体混凝土进行二次振捣或有针对性振捣。重点控制好横隔梁、竖向腹板、底板及斜腹板处的二次复振工作。在二次复振的同时,也应注意保护预应力管道等免遭损坏,防止变形、位移、漏浆等,确保后续预应力结构作业完好。

⑦节段混凝土浇筑必须保证"双泵双送",每台泵送机各负责一边梁段混凝土浇筑。当节段梁浇筑距离较长时,可采取接力泵进行浇筑完成,同时应配备一套泵送设备备用。接力泵可放置在栈桥尾端或 0 号块上,以能泵送为原则。

⑧严格控制混凝土的生产质量,包括原材料、外掺料、外加剂、和易性、坍落度、保水性等以及车运、泵送等符合相关要求。混凝土生产厂家应做好多种配合比试配及优化工作,以便于在不同环境温度等条件下进行选用。原则上做到,有利于混凝土的强度增长、减少收缩、操作方便、满足挂篮浇筑混凝土的要求。

⑨节段梁混凝土的下料点间距应均匀适当,一般在 1.5 m 见方左右,不能靠拖拉推赶混凝土来达到混凝土所需要到达的地方,要勤换下料点,以确保混凝土的浇筑均质,同时也可减少或消除混凝土塑性收缩而产生裂纹。

⑩节段全内箱顶板处需设置间隔下料开孔,以确保箱内底板处下料质量完好,完成后按要求进行恢复顶板模板。节段全内箱底板处应设置间隔开孔以振捣混凝土密实,特别是斜腹板混凝土的振捣要注意加强控制,以保证质量。

⑪混凝土浇筑要集中下料,集中振捣密实,防止高位下料而产生的混凝土分解或离析等,确保混凝土的均匀性。

⑫对锚索区和预应力锚板处,应注意混凝土的密实性,加强对预应力束管的前期检查处理。浇筑期间注意防止振坏管道或变位,管道内绝对不能有漏浆堵塞现象。另一方面,在压浆过程中,应注意串浆而造成相邻管道的堵塞。所以,对当前压浆数量要计算,以证实压浆的理论数量与实际压浆数量是否相符。如出入过大应引起注意,查

明原因后进行。

⑬一般情况下,在混凝土的浇筑过程中,当混凝土的水分蒸发速率超过混凝土泌水到表面的速率时,在毛细管压力作用下容易产生塑性裂缝。影响水分蒸发的环境因素有风、气温、湿度、阳光直射等。

⑭当节段梁底板及斜腹浇筑完成后到一定时间内,需在顶面采用湿麻袋覆盖,减缓水分蒸发,尽量防止塑性裂缝产生。在混凝土浇筑全部完成后应及时进行混凝土抹面收平压实,加强对混凝土浇筑表面的处理,防止表面开裂,确保平整度和外观线形质量。当混凝土表面已开始失水或失去光泽时,需及时采取铺设塑料薄膜或麻袋进行保湿保温养护。对挂篮前移到位固定后,需用射水方式对整个浇筑节段梁底表面进行养护,养护时间不得小于7 d。

⑮当混凝土强度达到脱模要求后,先拆除端模板,即前端竖向端模和翼板端模。当混凝土强度达到设计强度的80%时,可拆除箱内模板及支架,并及时进行清理和养护。当混凝土强度到达预应力束张拉要求后,可进行相关预应力束的张拉和相关作业。然后可进行体系转换,挂篮下降脱模,前移到位固定。

⑯在任何阶段脱模前后,必须对混凝土表面进行认真细致的检查,查看是否有裂缝现象存在,并记录在案,包括时间、温度、施工荷载等情况。

⑰在混凝土浇筑前,需对老混凝土界面进行充分的冲水润湿,以减少新混凝土浇筑后的失水或产生干裂现象,确保新老混凝土接合良好。同时,对仓内清洁做全面检查,可用高压射水冲洗干净。具体可在底模上开设临时孔洞,不用后及时封闭。拆除模板后进行混凝土表面打磨,确保混凝土表面质量。

⑱处于高温时期浇筑混凝土,对模板及老混凝土可采取洒水降温和润湿,泵管要覆盖并洒水降温,过粗过干的粗骨材料石子也应洒水降温等。对已浇筑的混凝土表面可采取适当遮挡措施,防止阳光直晒,减少水分蒸发,延缓混凝土初凝。必要时,也可对混凝土局部适当洒水(用洒水壶),保持混凝土原有的可塑性能。洒水方式必须用洒水壶作均匀细洒。

⑲主梁节段混凝土浇筑前应及时掌握天气预报,避免不良天气对混凝土浇筑质量带来的影响。

(5)索力与标高

①对挂篮的立模标高与索力,均由监控提供指令并按此执行。

②挂篮移出到位后,对中后支点进行临时锚固,使挂篮处于稳定状态。此时,三角架的下弦杆梁与成型主梁坡度应基本一致,可通过中后支点进行调整。

③先对中支点处的模板提升至老混凝土接触,再通过挂篮前支点4根吊杆对当前节段标高进行调整控制,也就是监控提供的立模标高(即主梁节段浇筑成型标高);然后进行中后支点进行锚固并预紧力;再检查前端立模标高,如有变化应通过4根前吊杆进行调整到位。当前端立模标高符合要求后,再对弧形梁后锚杆进行锚固并预紧力。其目的是使挂篮底承重平台尽量处于无应力状态。

④安装斜拉索并张拉至初始索力,此时的立模标高将抬高,抬高范围可能在 3 ~ 5 cm。当预抬标高达到浇筑完成沉降值相等且初始索力也符合要求时,对三角架外桁片前吊杆按中平台预抬标高值的 70% 比例进行预抬值确定。完成抬高值后的三角架内桁片前吊杆为脱空状态不受力,注意检查控制。

⑤以上立模标高的预抬,原则上是使节段浇筑中尽量做到不调索力,但随主梁节段的延伸,其预抬值可能达不到要求,可根据多过节梁的浇筑控制情况予以调整。方法是提高加大预抬值,或通过后支点调整提高立模标高,或通过索力调整等。

⑥原则上,节段主梁浇筑以标高控制为主,兼顾索力力值为辅。在节段浇筑过程中的各阶段实际标高均高于理论标高值。这有利于标高的调整,做到对斜拉索(三角架外桁片前吊杆)宜放不宜拉,便于标高控制。

⑦当浇筑一半或接近浇筑完成状态时,应加强标高、索力的测量,及时调整误差,确保浇筑完成时的标高接近或达到成型标高。

⑧在混凝土浇筑过程中,严格控制加载程序,并按要求进行横向预拉力施加、索力的调整、前端两边吊杆力的检测等,使各向力值均控制在容许范围之内。

⑨对每个节段的控制与要求需提出理论数据以指导实施,包括立模标高、初始索力、浇筑控制工艺流程等,并在过程中调整完善。

⑩加强全过程混凝土的初凝现象情况检查,以判断标高、索力调整的范围和力度,避免因混凝土初凝后或过大索力调整而扰动混凝土。

⑪最后标高、索力调整完成后,视情况对混凝土做必要的二次复振。

(6)节段行走工艺

①混凝土浇筑完成后,张拉纵、横向预应力束。

②进行拉索索力转换,索力调整到设计监控值。

③安装、检查行走吊杆、吊挂机构,安装轨道梁,轨道梁上涂滑油,安装、检查轨道前端的张拉顶。

④拆除预拉千斤顶。

⑤拆除预拉钢带和底撑。

⑥拆除预拉立柱底节。

⑦拆除中吊杆。

⑧行走前检查,包括吊挂系统、轨道平顺、千斤顶、锚梁等。

⑨4 台行走千斤顶同步行走,后锚梁同步倒换;行走千斤顶力应不大于 10 t。

⑩到位后,逆向执行步骤⑦、⑥、⑤、④。

⑪张拉主吊杆、预拉吊杆、后锚杆,力值分别为 2×100 t、4×30 t、4×5 t。

⑫初调立模标高,安装钢筋和模板。

⑬张拉斜拉索(其中,30 根拉紧受力)、张拉边纵梁(三角挂篮前端千斤顶),调整立模标高,边纵梁处标高预抬 25 mm,中梁位置预抬 25 mm。

⑭浇筑一半混凝土,张拉斜拉索、预拉吊杆,力值分别为 2×200 t、4×60 t,中梁位置标高抬高 40 mm。

⑮浇筑最后混凝土,进行最后标高微调。0、1 号块施工时,挂篮不标准,施工时工艺有所不同,各辅助墩节段单独设计。所有工艺在 0、1、2 号节段施工过程中,进行标高和预拉力的修正。每完成一个节段,进行一次挂篮全面检查。

(7)其他

①要求前仓操作人员专业性强,技术水平较高,人员数量要够。如混凝土工、吊装工、张拉工、钢筋工、模板工等工种应做好安排,不得滥竽充数,以确保质量。

②现场当班管理人员要认真履行职责,过程中要认真指导、仔细检查、督促整改相关问题。要多开动脑筋,多想可能要出现的问题,将不利因素提前解决掉。

③在混凝土浇筑前,应做好设备的检查、维修,确保混凝土浇筑期间的完好,如各张拉千斤顶的使用情况以及相关设备的使用完好情况。

④对各节段主梁浇筑全过程中,其后置节段主梁(2 个以上)上不得有任何施工荷载的布置,以便当前节段梁施工标高与索力的控制。此外,主梁上即使有些施工临时荷载,也要尽量少布置并均匀堆放。

⑤做好测量标高与索力的各阶段记录,并设置专门的表格记录在案,如在混凝土浇筑全过程中的标高、索力、预张力、吊杆力的对应数量关系等。

⑥对主梁挂篮施工作业按主桥主梁施工挂篮操作细则要求严格进行。

⑦在主梁挂篮施工作业过程中,均严格按照安全生产规范、规章制度、安全方案等要求进行作业。采取切实可行有效措施,完善安全防护,确保施工作业安全。

6.5.3　挂篮施工效果

经过挂篮体系的全过程研究、试验,挂篮正式投入使用。重庆双碑嘉陵江大桥西岸高塔主梁采用设单铰的前后支点组合挂篮体系,东岸矮塔直线段主梁 1~7 号节段采用横向设双铰(固接)的前后支点组合挂篮体系。与西岸挂篮进行对比研究,总结分析两铰组合和单铰组合方式的差异性后,东岸矮塔不对称曲线段(东岸 8~15 号节段靠河跨为直线段,靠岸跨为曲线段)将挂篮横向双铰连接组合恢复单铰,以适应曲线梁段主梁横向倾斜、超高的变化。

两岸主梁使用情况正常,施工应力控制、线型控制均达到规范要求,施工安全可靠,平均施工速度达到 15 d/节段。

超大吨位前后支点挂篮体系得到实践的检验,成功应用于重庆双碑嘉陵江大桥东西两岸单索面斜拉桥施工中。特别是曲线斜拉桥悬臂施工的应用为国内首次,解决了斜拉桥曲线主梁截面倾斜变化以及索力空间分布受力复杂的难题,为复杂空间结构无支架施工创造了成功范例(图 6.37)。

图6.37　现场实施情况

6.6　挂篮应力和变形预警

本工程挂篮结构受力、变形均较为复杂,加之中间斜拉区域以外的翼板位置和斜腹板位置对荷载均较为敏感,设计要求翼板位置控制荷载不大于50 t。为便于施工过程中对结构受力和挂篮变形、应力进行控制,本工程挂篮采用了应力和变形预警系统。

对翼板位置挂篮集中力进行监测预警主要考虑在挂篮中支点上设置压力传感器,并连接预警系统,随时监测压力数据。当压力数据接近预警值时进行预警,引导横向斜拉千斤顶进行拉力调节。

挂篮关键部位的应力监测预警主要通过关键构件贴应变传感器,连接预警系统,对应力应变进行监测。必要时,通过拉索力、吊杆力的调整,控制挂篮结构应力。

挂篮变形控制主要能对斜腹板模板下方安装角位移传感器和翼板两侧连通管压力传感器进行监测,监测数据收集分析,进行异常变形预警。必要时,通过斜拉索、各吊杆张拉千斤顶进行变形调整。

本工程挂篮施工过程总体上控制良好,混凝土结构应力、挂篮应力和变形均在理论控制范围内,不再赘述。

第 7 章

非对称曲线超宽梁段悬臂浇筑技术

7.1 概 述

重庆双碑嘉陵江大桥主桥为高低塔单索面混凝土斜拉桥。主桥起点里程为 K8+100、终点里程为 K8+744.43,设计桥面标高为 231.5~232.3 m,主桥全长 644.43 m,跨度布置为 75 m+145 m+330 m+95 m,主跨最大跨径为 330 m。其中,低塔跨中方向设计 15 个直线节段,标准长度为 7 m;连跨设计 6 个直线节段,与中跨对称布置;另设置 9 个非对称曲线段节段(SSB7—SSB15),节段长度为 4.15 m,最小曲线半径为430 m。曲线梁横断面设超高变化,标高横向不等高变化设置;曲线梁段空腔内设置铁砂混凝土进行配重,直线段与曲线段之间设置合龙段。

原设计先采用挂篮对称悬臂施工 6 个直线段,然后边跨搭设支架现浇施工 9 个曲线段,然后再施工边跨合龙段,将边跨直线段与曲线段连成一体。在此基础上,再悬臂浇筑中跨直线段,浇筑一个直线段,张拉一对斜拉索,并在边跨相应节段浇筑铁砂混凝土配重。

采用支架法浇筑曲线梁段,施工技术简单,受力明确,但该曲线梁段距地面高约30 m,且跨越现有民房和林地,征地拆迁迟迟未完成,拆迁压力大。

如果采用挂篮悬臂浇筑曲线梁段,可节约支架费用,避免拆迁矛盾,减少林地破坏,但需要解决曲线梁段长度、质量和线形不对称、曲线梁段翼板不等高变化等施工难题。

在业主单位的主导下,参建各方从结构 设计、施工工艺、施工监控等多方面进行研究,完成非对称曲线超宽梁段悬臂浇筑技术,并成功应用,取得良好的成效。

7.2 非对称曲线超宽梁段悬臂浇筑技术分析

7.2.1 结构受力可行性分析

非对称曲线梁的悬臂浇筑,从结构上主要解决两侧不对称主梁对塔产生的不平衡弯矩和扭矩问题。不平衡弯矩可以通过在适当时间、适当区域配置适当质量来保证对塔的不平衡弯矩控制在合理范围内。本项目将铁砂混凝土变更为铁砂预制砖,通过在桥面适当区域配置适当数量铁砂砖和在曲线主梁空腔内放置铁砂砖永久配重相结合的方式,控制不平衡弯矩。

针对不平衡扭矩问题,原结构塔柱设置有偏心竖向预应力束,可以保证塔柱应力在合理范围内。

局部曲线梁段的应力,可以通过配置节段预应力束,改善悬浇状态下的结构应力。

7.2.2　施工可行性分析

根据不对称曲线主梁的悬臂浇筑工况进行挂篮体系分析,前后支点挂篮两侧翼板标高可不同步调整,以适应曲线梁腹板倾斜变化和横向荷载变化。挂篮进行适当改造,可以满足曲线梁悬浇受力要求和跨越民房的防落物要求。

施工配重采用预制铁砂砖,用人工搬运,满足施工配重的准确性要求;塔、梁的变形和应力监控,可以随时监测控制施工处于合理状态。

相比于满堂支架施工,该技术基本不占用临时用地,可不受拆迁的影响,节约施工工期,施工安全可靠,施工措施成本将可以得到较大程度的节约,总体可行。

7.3　施工技术要点

7.3.1　设计变更和施工控制计算

针对曲线主梁非对称悬臂浇筑,设计单位首先需对边跨梁段进行设计变更,取消直线段与曲线段之间的合龙段,并根据结构受力情况调整预应力来配置。

施工单位根据曲线非对称悬臂浇筑提出相应的施工方案,监控单位根据设计方案和施工方案进行施工控制计算,设置合理的配重方案和监测方案,保证施工过程结构处于合理状态。

7.3.2　弯矩不平稳问题的解决

在悬浇过程中,影响最大的是低塔(27号墩)两侧的不平衡弯矩问题,利用原桥塔结构拥有一定的有限平衡能力外,在施工节段(混凝土开盘前)的次后节段表面砌筑临时压重以达到悬臂挂篮施工的动态平衡;待施工节段完成后,施工挂篮前移前将临时压重拆除转移至箱内砌筑形成永久压重;同时,为保证临时压重与永久配重转换的便利,永久配重的及时形成以及施工作业的可操作性,配重材料采用预制砌块材料(铁砂混凝土配制)。

其具体施工步骤如下:
①边跨对称悬浇至SSB7节段;

②在 SSB7 节段上施加临时配重;

③对称悬浇 SSB8 节段混凝土;

④SSB7 节段上进行第二次配重;

⑤张拉 SSB8 节段纵向、竖向、横向预应力,张拉拉索,移动挂篮;

⑥对 SSB8 节段进行第一次配重;

⑦对称悬浇 SSB9 节段混凝土;

⑧SSB8 节段上进行第二次配重;

⑨张拉 SSB9 节段纵向、竖向、横向预应力,张拉拉索,移动挂篮;

⑩对 SSB9 进行第一次配重。

重复步骤⑦、⑧、⑨、⑩,直至施工到主梁 SSB15 节段。

施加配重除 SSB7 节段上为临时配重外,其余配重均为永久配重。施工直到
SSB15 节段完成后,拆除 SSB7 节段上的临时配重。每个节段上配重按不大于 330 t 设
置。配重材料采用特种混凝土预制砌块,砌块容重为 4.5 t/m³。实施配重前,应对砌
块容重进行复核,并按实际容重换算出所需砌块体积。

7.3.3　曲线超高段产生的施工不对称问题的解决

①利用改进后的挂篮系统,主桥 27 号墩岸跨右幅自 SS4 号节段开始设计有超高。
超高设计是在斜腹板水平投影尺寸不变的情况下进行竖向转动来实现。曲线梁部分
节段斜腹板斜角在不断变化,要求挂篮底平台不变,斜腹板倾角要与之适应。为使 27
号墩施工挂篮平台能达到此目的,需将斜腹板模板支架桁片双铰固结构造的下悬杆铰座
拆除而形成转动单铰构造,由桁片梁的转动来实现箱梁的超高设置(图 7.1 至图 7.3)。

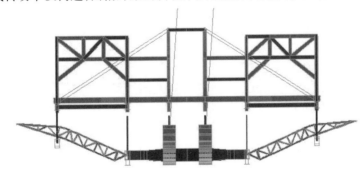

图 7.1　改造后的挂篮模型

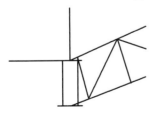

图 7.2　改造前的双铰座

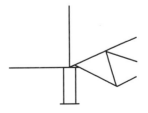

图 7.3　改造后的单铰座

②由于挂篮在曲线段与斜拉索有一定夹角,会产生一个水平分力。在水平分力作用下,挂篮前端会产生较大的位移,以抵抗这个水平分力。在弧形梁中间和尾端增加横向约束。

按与挂篮成最大夹角的 15 号节段建立计算模型,拉索与挂篮中心线有 2.48°的夹角,利用模型进行计算。在设置横向约束的情况下,挂篮的主要承重梁弧形梁由于自身的刚度很大,横向上基本没有横向位移,在挂篮的两翼的横向位移最大仅仅为4 mm,在可控范围以内。

SSB15 节段在各工况理论计算结果如表7.1 所示。

表7.1　理论计算结果

计算工况	SSB15 节段前端各点的水平位移(mm)									弧形梁中部水平分力(t)		弧形梁尾端横向分力(t)	
	1	2	3	4	5	6	7	8	9	左	右	左	右
空载	-7	-6	-1	1	1	1	4	7	8	4	5	1	1
25% 荷载	-5	-4	-2	1	1	1	3	6	6	4	6	1	1
50% 荷载	-4	-4	-1	1	1	1	3	5	6	3	6	1	1
75% 荷载	-2	-2	-1	1	1	1	2	3	4	7	3	2	1
100% 荷载	-3	-3	-1	1	1	1	2	3	4	7	3	2	1

注:点位布置如图7.4 所示。

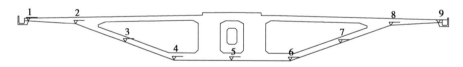

图7.4　SSB15 号节段点位示意图

由各个以上工况可知,在混凝土浇筑过程中,挂篮的主要承重系统弧形梁由于水平力产生的横向位移很小,挂篮两翼产生的水平位移在空载的情况下较大(为8 mm)。在浇筑过程中,该问题会逐步纠正;在混凝土浇筑完成后,挂篮两翼产生的水平位移仅为 4 mm。

横向约束设置在弧形梁中部中间和尾端,横向约束采用在箱梁底板内预埋 28 cm×28 cm 钢板,竖向用双肢[20a 槽钢接出后,然后竖向双肢[20a 槽钢与弧形梁之间用双肢[8 号槽钢连接。需要特别指明的是,横向约束体系不能与弧形梁焊接,利用 2 cm钢板塞紧即可。塞紧前,2 cm 厚钢板上涂抹黄油起润滑作用,使横向约束体系对挂篮只起横向约束作用,而对挂篮不产生顺桥向上的约束,如图7.5、图7.6 所示。

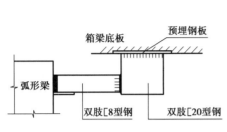

图7.5 弧形梁中部横向约束示意图

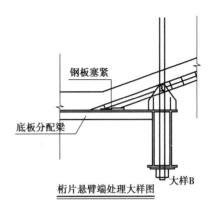

图7.6 弧形梁尾端横向约束示意图

7.4 技术工艺流程及操作要点

7.4.1 技术工艺流程

技术工艺流程为:挂篮改造→挂篮前移到位→测量检查→前一节段第一次压重→底板腹板钢筋、预应力钢束、模板施工→对称浇筑岸河节段混凝土→前一节段第二次压重→预应力体系张拉,完成体系转换→斜拉索张拉→挂篮前移到位→进入下一阶段循环工序。

7.4.2 技术工艺操作要点

(1)挂篮就位

挂篮工作流程为:体系转换→前吊杆提升(施工过程中,前吊杆不受力)→中吊杆拆除→挂篮下降→挂篮前移→提升挂篮到位(应注意纵横向位置调整)→检查调整达立模标高(测量配合确定轴线和标高)→中、后支点锚固→安装斜拉索,张拉索达初始力。

由于SSB4—SSB15节段处于缓和曲线段,挂篮在前进过程中必须转向以满足线形要求。挂篮转向在行走过程中进行控制。挂篮行走是通过在桥面上的4根行走轨道梁完成。在挂篮行走前,由测量工程师根据线形要求计算出挂篮在每根行走轨道梁上移动的距离。通过在每根行走轨道梁上移动的距离不同来实现挂篮转向。

①挂篮施工作业必须严格遵守挂篮施工的操作工艺流程,不得随意变动。

②节段混凝土浇筑挂篮有关力值调整必须依据内业计算数据和施工监控指令进行。

③体系转换后,挂篮的卸落、前移、提升、就位、锚固等作业前,必须仔细检查,经确认无误后方可进行。

④进行挂篮的卸落、前移、提升、就位、锚固等作业时,施工技术人员、专职安全人

员、施工测量人员等必须到岗,进行适时指导、检查和监测测量。

⑤挂篮施工作业不得违章作业,违规指挥,确保安全。

⑥施工挂篮前行施工至 28 号墩处红砖三房屋区域,为防止高空坠物伤及房屋,对施工挂篮底平台和临空周边用轻质板材进行全封闭。

（2）前一节段施加第一次配重

由于岸河两侧节段质量不对称,需要在混凝土浇筑前在岸侧(即节段质量较小的一侧)的前一个节段施加第一次配重,以平衡一部分混凝土浇筑过程由于质量不对称对塔柱产生的弯矩,使塔柱在浇筑过程中有足够的压应力储备,达到施工过程中塔柱两侧的动态平衡。配重采用砌块砌筑,单块砌块尺寸为 30 cm×30 cm×10 cm,采用重晶石、铁颗粒、铁砂及水泥配置而成,容重为 4.1 t/m³。砌筑砂浆采用铁砂和水泥配置而成,砌块强度为 25 MPa。砌块质量按监控指令严格实施。

①配重砌体在压重砌筑前应进行砌体质量和重量的专项抽样检查,以保证设计配重砌筑作业满足施工设计图文件的配重要求。

②设计配重砌体的砌筑作业安排专人负责进行。

③设计配重砌体数量计量须有专人进行计量作业,必须保证计量的准确和正确。

④设计配重的堆砌位置空间应严格按照设计文件进行,砌筑作业工况时,必须严格依据施工监控指令进行。

⑤设计配重的砌筑方法必须严格遵从设计文件,确保配重砌筑的可靠性。

（3）施工测量

测量人员根据埋设的桥梁控制导线点及高程点进行施工测量放线和施工测量监测,并负责复核测量成果及放线的精度,测量仪器设备应进行定期的标定,测量精度和误差以满足施工设计图和相关技术规范的要求。

（4）箱梁钢筋、预应力、模板施工

具体的施工工序流程为:底模板施工→底板钢筋施工→底板预应力安装→腹板钢筋施工→腹板纵横向预应力安装→箱梁内模板施工→顶板钢筋施工→顶板预应力安装。这个过程中,应注意的问题如下:

①进行底模板施工时,需要根据每节段超高的不同对底模板进行相应的调整。

②节段箱梁外模采用大块的厚 8 mm 钢板。隔墙模板及内模采用普通的标准组合钢模和定制加工的异形钢模,设置导管穿墙拉杆紧固。

③钢筋规格、型号、数量及间距符合设计要求,并设置足够的垫块厚度和密度。

④预应力管道应定位准确、钢束数量符合设计要求,预应力粗钢筋连接牢固可靠。当普通钢筋与预应力管道位置有冲突时,应适当移动普通钢筋位置,确保预应力管道位置正确。禁止将钢筋截断。对于纵向预应力长束,穿束后不张拉。

（5）混凝土工程

箱梁混凝土浇筑采用商品混凝土,混凝土浇筑岸河跨节段同时进行。为保证在施工过程中岸河两侧的平衡,岸侧和河侧混凝土浇筑同时开始、同时完成。由于岸河侧混凝土数量不一致,在浇筑过程中岸河两边的混凝土浇筑比例在同一时间点上应保持基本一致,以达到在混凝土浇筑过程中岸河两边的平衡。混凝土在挂篮上应对称浇筑,防止一侧的两根斜拉索因受力不均导致挂篮倾斜。

（6）前一节段第二次压重

由于河岸侧混凝土浇筑完成后,塔柱重心偏向混凝土浇筑较多的一侧,需对混凝土浇筑较少的一侧的前一个节段进行第二次配重,使塔柱达到一个新的平衡。第二次配重方法与第一次配重相同,不再赘述。

（7）预应力钢束张拉及压浆

根据设计图纸要求,混凝土纵向预应力钢束张拉龄期至少保证 5 天,同时混凝土强度达到设计强度的 90% 以后方可张拉。

预应力钢束采用张拉应力与伸长量双控,伸长量误差在 ±6% 以内。

经检查锚垫板及周围混凝土无异常现象和认真核对张拉成果无误后,即可准备进行压浆。压浆采用真空辅助灌浆法施工。

（8）斜拉索张拉

斜拉索张拉在箱梁预应力体系完成后进行,斜拉索张拉采用张拉力与伸长量双控,严格按照监控指令执行。斜拉索张拉完成后进行体系转换结束,挂篮不再承受节段混凝土质量,即可进入下一节段施工。

7.5　实施效果

针对重庆双碑嘉陵江大桥东岸低塔曲线梁段,由于拆迁原因难以采用落地支架现浇,首次研发了斜拉桥非对称曲线梁段的悬臂浇筑工艺,解决了非对称曲梁斜拉桥主梁悬臂浇筑难题,避免了拆迁矛盾,保护了桥下绿地(图 7.7)。该曲线梁段于 2012 年 8 月开始施工,2013 年 3 月施工完毕,保证了施工质量和施工安全,实现了和谐施工与绿色施工,取得了良好的经济效益和社会效益。

图 7.7　非对称曲线梁段悬臂浇筑施工

第8章
桥梁结构混凝土性能提升研究

8.1 概　述

作为桥梁结构主要的工程材料,混凝土品质对结构的耐久性、安全性具有重要影响。近年来,桥梁施工过程中屡屡出现的裂缝问题引起了建设各方对混凝土及其性能与桥梁结构匹配性的高度关注。混凝土是以水泥为胶结材,集料为被胶结材复合而成的具有堆聚结构的人造石。就混凝土材料自身结构特点而言,它可以被看作是由基相和分散相组成的复合材料。混凝土性能取决于基相和分散相及其结合界面的性能。混凝土材料的性能特征具有非均质性和时变性。

随着交通量的快速增长及桥梁建设技术的快速发展,桥梁结构的设计承载力要求提高,设计跨度也在增加,桥梁的结构形式及内部应力体系日趋复杂,结构断面尺寸更多地表现出大体积特征。混凝土的早期水化放热、强度发展过程、徐变、收缩等对桥梁结构的早期开裂、预应力损失、内部应力分布、结构耐久性等都将产生重要的影响;同时,环境条件的劣化也对结构的耐久性产生不利的影响。这就对用于桥梁结构的混凝土材料的技术性能提出更高的要求,也对混凝土的主要组成材料——水泥的品质提出更高的要求。水泥品质应与特大桥结构对混凝土的综合技术性能要求相匹配。这是减少和预防桥梁结构早期开裂、提前劣化等病害的重要技术措施。用于特大桥特别是大跨径特大桥的混凝土,应根据不同结构部位及施工工艺等,对混凝土性能有重点地予以设计和保证。

特大桥,特别是大跨径特大桥建设中,C50、C60泵送混凝土已得到普遍应用。但实际工程中,由于社会分工的不断细化,水泥生产、混凝土生产、施工、设计等分属于不同的行业,各环节间缺乏有效的联系,甚至产生相互误导,混凝土桥梁结构出现开裂的现象屡见不鲜。如何从系统的角度解决结构的开裂问题是需要设计、施工、混凝土生产企业乃至水泥生产企业各环节共同关注的问题。

相对于常规混凝土斜拉桥,重庆双碑嘉陵江大桥结构具有如下特点:

①桥型为高低塔单索面;

②结构采用塔墩梁固接形式;

③主梁采用单箱多室倒梯形箱梁结构,宽度达到 32.5 m,且部分处于平曲线上;

④主梁采用挂篮悬浇施工;

⑤下塔墩采用双肢间距仅 20 cm 的混凝土结构等。

可见,要保证重庆双碑嘉陵江大桥结构施工质量及长期安全可靠,必须保证其结构混凝土施工质量及长期安全可靠性。为此,开展针对重庆双碑嘉陵江大桥结构混凝土性能提升的研究与应用非常必要。

8.2　桥梁结构混凝土存在的问题与研究现状

就混凝土自身材料性能而言,在特大型桥梁结构的应用中存在的问题主要有以下5 个方面。

①作为混凝土的重要组成材料,水泥品质与混凝土综合技术性能有着密切的关联性。一方面,在现行国家水泥标准条件下,市场供应的水泥以早强型水泥为主,水泥中的早强成分含量普遍高,水泥细度大,水泥早期水化放热量大,放热速度快,混凝土温升大,这与特大桥大体积混凝土的施工要求是不适应的。另一方面,在目前的市场条件下,混凝土生产及桥梁施工各方对水泥的选择是被动的,甚至建设各方常常忽略水泥品质对混凝土性能的影响。在施工过程中,一旦出现开裂等问题,都习惯性地从外加剂、混凝土配合比、搅拌站、施工方等找原因。事实上,水泥品质与混凝土生产、施工的适应性对特大桥结构开裂的影响非常大。我国现行水泥质量标准对水泥的熟料矿物组成、细度、品质稳定性等影响水泥与桥梁结构混凝土匹配的品质并没有明确的限制和要求。水泥与外加剂的相容性差,开裂倾向较大,水泥品质与特大桥混凝土的高性能匹配性不佳。这在很大程度上影响了混凝土品质与特大桥工程结构的适应性。

②桥梁结构普遍采用高性能混凝土,泵送施工。以目前的技术条件,实现混凝土高性能的技术措施是"双掺技术",即大掺量的活性掺和料(或复合掺和料)和高效外加剂。通过高效外加剂改变混凝土拌和物的流变性能,降低水胶比;通过掺入大掺量矿物掺和料改变水化产物组成,以提高耐久性。双掺技术在对混凝土性能有益改善的同时,也带来一些负面的问题:

a.组分多,增加了过程控制难度;

b.若混凝土搅拌时间不够,存在拌合物匀质性问题;

c.掺和料本身的品质波动对混凝土品质稳定性的影响问题;

d.大掺量矿物掺和料使胶凝材料中 SO_3 不足而引起凝结过程变化、体积稳定性等问题。

③混凝土中,用量最多的原材料是集料。目前,混凝土中使用的砂石材料的质量与高品质桥梁结构混凝土制备的要求差距较大。由于集料的粒形差、级配不良、空隙率高、含泥含粉量大等因素的影响,单方混凝土胶凝材料总量大,混凝土早期温升高、

非荷载作用下的变形大、混凝土体积稳定性差,这也是导致特大桥混凝土施工过程中结构开裂的重要原因。

④特大桥梁结构中普遍使用商品混凝土。这就将混凝土的生产和施工人为地分成了两个控制阶段。商品混凝土一般以拌合物工作性和强度为交付和验收指标,而仅这两方面的技术要求,满足不了现场施工对混凝土在桥梁结构中的行为控制。一旦结构出现裂缝等问题,谁更应该为工程质量负责成为一个无法进行责任划分的难题。

⑤混凝土的性能是混凝土在具体桥梁结构中表现出的行为,如施工性、耐久性、匀质性等,对工程特点和服役环境具有很强的针对性。混凝土的高性能必须要靠设计、施工、混凝土搅拌站、各原材料生产商都来共同承担和保证。混凝土的高性能不是单纯只有配合比就可以保证,而必须是由原材料控制、拌合物生产制备、从设计到施工的全过程各环节协调、配合来实现。

在重庆地区,特大桥结构高性能混凝土通常采用通用硅酸盐水泥+矿物掺和料配制的技术线路。《通用硅酸盐水泥》(GB 175—2007)对水泥细度没有上限规定值,对混凝土性能有重要影响的水泥矿物组成也没有具体要求。我国目前生产的通用硅酸盐水泥中 C_3S、C_3A、碱含量普遍较高,比表面积大,早期强度高但后期强度增长较少,这已对特大桥高强混凝土的性能产生了诸多影响:

①通用硅酸盐水泥普遍比表面积大,C_3A 含量较高,化学收缩、干燥收缩和自收缩大,水泥的开裂敏感性高,与特大桥混凝土性能要求不匹配。

②通用硅酸盐水泥较高的 C_3S、C_3A 含量和较大的比表面积,导致水泥水化放热量大,水化放热速度(特别是早期水化放热速度)快,混凝土结构早期温升高。对于特大桥较大的结构断面尺寸混凝土,容易产生温度裂缝,由此显著增加施工难度和施工成本。

③水泥细颗粒的增加和较高的 C_3S、C_3A 含量,加快了水泥的水化速率,提高了混凝土早期强度和早期弹性模量。在约束状态下的混凝土因温度收缩、自收缩、干燥收缩和较高的早期弹性模量而产生较大的内部应力,早期的低徐变无法缓解这种应力而产生早期裂缝。这是特大桥混凝土提早劣化的主要原因。

④水泥中的碱含量普遍较高,一方面是引起混凝土碱-集料反应的因素;另一方面,水泥的高碱性还增加混凝土的开裂倾向。

⑤桥梁结构高性能混凝土中,普遍使用高效减水剂和其他外加剂。水泥中的含碱量、C_3A 及其相应的 SO_3 含量、细度是影响水泥与外加剂相容性的主要因素。

综上所述,由于通用硅酸盐水泥 C_3S、C_3A、碱含量高,比表面积大,这导致水泥水化速度过快、水化热高、收缩大、抗裂性下降、微结构不良、抗蚀性差等,不能很好地满足特大桥结构与施工的要求。在充分考虑重庆地区原材料特性基础上,针对特大桥混凝土,开展水泥品质对混凝土性能影响研究,重点研究水泥品质对混凝土拌合物工作性、力学性能、变形性能、耐久性能的影响,并提出确保混凝土中长期性能的对策措施。

基于水泥品质与混凝土品质、混凝土结构中长期性能的关联性,针对水泥品质对特大桥混凝土的性能影响进行系统研究,是对现行水泥国家标准及其在桥梁结构中应用的完善。研究成果将对重庆地区桥梁结构混凝土用水泥的生产与应用具有技术指导意义,对保证桥梁结构的安全性、耐久性具有重要的理论和应用价值。

针对重庆双碑嘉陵江大桥建设需要,开展了专题研究,包括水泥品质对特大桥混凝土拌合物工作性的影响、水泥品质对特大桥混凝土力学性能的影响、水泥品质对特大桥混凝土变形性能的影响、水泥品质对特大桥混凝土耐久性能的影响、混凝土断裂性能、提高特大桥高性能混凝土品质的对策。

8.3　水泥品质对特大桥混凝土性能的影响

8.3.1　水泥品质对特大桥混凝土拌合物工作性的影响

桥梁的主要结构构成包括上部桥跨结构和下部桥墩、桥台结构。不同结构形式的混凝土桥梁,施工中按部位、按节段分次浇筑,每次连续浇筑方量少则上百方,多则几千方;施工机具、浇筑方式也因结构部位而不同。这就对混凝土拌合物的流动度、凝结时间等提出了不同的要求。桥梁结构混凝土拌合物工作性较一般结构更具有复杂性,要求更高。根据不同结构形式、不同结构部位、不同施工季节,设计和控制混凝土拌合物的工作性,使之与施工现场浇筑要求相匹配,以保证混凝土浇筑质量,是保证硬化后混凝土质量及桥梁结构质量的前提。

水泥的流变性能、凝结时间、需水量及水泥与外加剂的相容性对混凝土拌合物工作性有重要影响。凡是影响水泥流变性能、凝结时间和需水量的因素都会影响水泥与外加剂的相容性,从而影响混凝土拌合物的工作性能。在水泥矿物组成中,C_3A、SO_3和碱以及三者的匹配是影响水泥流变性的主要因素,水泥细度和颗粒级配是影响水泥需水量的主要因素。

(1)水泥级配和细度对水泥与减水剂相容性的影响

减水剂是特大桥混凝土制备的必需材料。水泥与减水剂的相容性,直接影响混凝土拌合物的流动度、坍落度损失等,对现场混凝土的顺利浇筑至关重要。此外,减水剂与水泥的相容性还影响混凝土的用水量、集浆比、体积稳定等,从而对硬化后混凝土的综合性能产生影响。

水泥与外加剂的相容性用饱和点、1 h 流动度损失、1 h 流动度不损失掺量表示。试验采用萘系高效减水剂,制备水灰比为 0.29 的水泥净浆,改变外加剂掺量,分别于搅拌后 5 min、60 min 测试净浆流动度。相同试验条件下,饱和点掺量越低,1 h 流动度损失越小,1 h 流动度不损失掺量越小,则水泥与外加剂相容性越好。

水泥细度对水泥与外加剂相容性影响研究结果如图 8.1、表 8.1 所示。

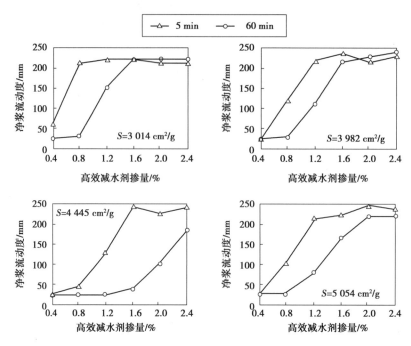

图8.1　水泥细度对水泥与外加剂相容性影响

表8.1　水泥细度对水泥与外加剂相容性影响

水泥细度(m²/kg)	饱和点掺量(%)	1 h流动度不损失掺量(%)
301.4	0.8	1.6
398.2	1.2	1.8
444.5	1.6	(无)
505.4	2.0	(无)

　　图8.1、表8.1表明,随着水泥比表面积增大,减水剂饱和点掺量提高,1 h流动度不损失掺量提高;当水泥细度过大时,无1 h流动度不损失掺量点。水泥比表面积增大,与相同外加剂的相容性变差。

　　近年来,用筛析法检测水泥细度时,大多筛余量都小于3%,甚至没有筛余,水泥比表面积高达400 m²/kg以上。水泥细度增大的结果是,水泥磨得越细,颗粒越细,比表面积越大,对外加剂的吸附量越大,饱和点越高,混凝土坍落度损失越大,与外加剂的相容性越差。

　　罗凡等的研究还表明,水泥中粒径为3～30 μm的颗粒起强度增长的主要作用,这部分颗粒应当约占90%;粒径小于10 μm的颗粒只起早强作用,这部分颗粒需水量大、水化快、水化放热速度快,对混凝土早期水化热、自收缩和干燥贡献大,在水泥中的含量应当小于10%;粒径大于60 μm的颗粒虽对强度不起作用,但起稳定体积的作用。

　　级配恰当、颗粒适当粗的水泥,能赋予混凝土拌合物良好的流变性能及与外加剂的相容性,有利于特大桥混凝土的顺利施工。

(2)水泥与缓凝剂相容性

特大桥施工中,一次性浇筑方量较大,浇筑时间较长,加之采用商品混凝土还要考虑运输过程,特大桥施工对混凝土拌合物凝结时间一般要求不低于 10 h 甚至更长,水泥应与缓凝剂有良好的相容性。水泥与缓凝剂的相容性用初凝时间、初终凝时间差表示。

试验采用柠檬酸为缓凝剂,掺量为水泥质量的 0.06% ,制备水灰比为 0.29 的水泥净浆,调节萘系高效减水剂掺量使净浆稠度达到标准稠度。试验结果如表 8.2、图 8.2 所示。

表 8.2　水泥与缓凝剂相容性试验结果

水泥	凝结时间(min)		初终凝时间差(min)
	初凝	终凝	
拉法基 P・O52.5R	1 368	1 649	281
拉法基 P・O42.5R	1 331	1 389	58
南特 P・O42.5R	1 141	1 208	67
小南海 P・O52.5R	938	1 214	276
嘉南 P・O42.5R	1 100	1 273	173

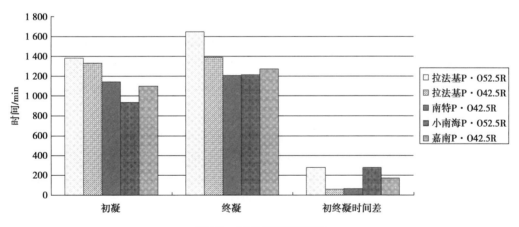

图 8.2　水泥与缓凝剂相容性

从图 8.2、表 8.2 可以看出,不同厂家相同品种水泥、相同厂家不同强度等级水泥,与缓凝剂作用的相容性是不同的。在相同条件下,水泥浆体的初凝时间、终凝时间及初终凝凝结时间差存在较大的差异,这种差异与水泥的矿物组成、细度、掺和料等有关。就所取水泥试样而言,拉法基 P・O42.5R 与柠檬酸的相容性最好。

(3)水泥中的碱和 SO_3 对水泥与外加剂相容性的影响

水泥磨细过程中要加入适量的石膏,其目的是与 C_3A 匹配以调节水泥凝结时间,石膏掺量优化时采用 0.5 的水灰比。水泥熟料中的碱和 SO_3 匹配生成碱的硫酸盐,称

为熟料的硫酸盐化。熟料硫酸盐化的程度(硫酸盐饱和度)以 SD 表示:

$$SD = \frac{SO_3}{12.92Na_2O + 0.85K_2O}$$

Carmel Jolicoeur 等测定不同水泥试样流变性与 SD 的关系如表 8.3 所示。

表 8.3　水泥流变性与 SD 关系

序号	比表面积(m^2/kg)	流动时间(s)		流动时间差(s)	SD(%)
		搅拌 5 min	搅拌 60 min		
1	377	53	63	10	71
2	372	53	63	10	69
3	383	54	61	7	103
4	386	50	77	27	71
5	371	53	99	36	68
6	353	50	139	89	66

表 8.3 中,各水泥试样具有相近的比表面积和搅拌 5 min 的初始流动度,搅拌 60 min 后流动度与初始流动度的差值即流动度损失。该值越大,说明水泥与外加剂的相容性越差。从表 8.3 可以看出,SD = 103% 时,流动度损失最小;在 SD > 70% 时,流动度损失随 SD 的减小而增大的幅度较小;当 SD < 70% 后,随 SD 的减小,流动度损失显著增大。

桥梁结构用高性能混凝土中,水胶比普遍低于 0.4(低于水泥中石膏优化时,采用 0.5 的水灰比)。低水胶比条件下,水泥中的石膏与 C_3A 在体系中的溶解速率不同会导致液相中 SO_3 不足,影响外加剂的作用效果和混凝土的流变性能。此外,桥梁结构高性能混凝土中普遍掺入较大掺量的矿物掺和料,对体系中的 SO_3 有较大的稀释作用,也会影响胶凝材料与外加剂的匹配性,进而影响混凝土拌和物的工作性。

因此,桥梁结构混凝土胶凝材料组合设计和外加剂匹配设计时,应考虑掺和料中的碱含量、水胶比等因素,对混凝土体系中的 SO_3 进行优化。以所有碱都生成硫酸盐为目的,单独计算时,对于 Na_2O 来说,SD(SO_3/Na_2O) 应大于 90%;对 K_2O 来说,SD(SO_3/K_2O) 应为 60% ~ 78%。

8.3.2　水泥品质对特大桥混凝土强度及强度发展的影响

(1)水泥细度对砂浆抗拉强度的影响

对于特大桥,其组成构件间通常存在较强的约束。约束条件下,混凝土材料非荷载作用下的变形是导致施工过程结构开裂的主要原因。从"抗""放"结合的防裂角度出发,提高砂浆基体的抗拉强度,对提高结构抗裂能力有益。

著名水泥化学家 T. C. Powers 早年就指出,并非水化越充分的水泥浆体强度越高,因为水泥水化产物强度和体积稳定性都比熟料低。硬化的水泥石中,需要有一部分未水化颗粒来保持强度和稳定体积,这就是"化学成分通过结构起作用"。水泥比表面积增加后,对砂浆长期抗拉强度的影响更明显,如图8.3所示。图8.3表明,砂浆抗拉强度随水泥比表面积的增加而呈线性下降,碳化深度总的趋势是随水泥比表面积增大而减小。水泥砂浆抗拉强度的降低,对砂浆及混凝土抗裂性能也不利。适当降低特大桥混凝土所用水泥的细度,对降低混凝土开裂倾向是有益的。

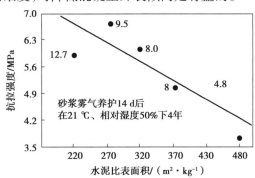

图8.3　水泥细度对砂浆抗拉强度的影响［黑点旁的数字为碳化深度（mm）］

（2）水泥品质对混凝土强度的影响

对于特大桥,设计使用年限不低于100年,混凝土的长期强度及其增长对保证结构的承载力和安全使用具有重要的意义。

试验所用水泥及性能如表8.4所示,混凝土强度试验结果如表8.5所示。

表8.4　试验所用水泥及其性能

水泥	比表面积（m²/kg）	3 d 强度（MPa）		28 d 强度（MPa）	
		抗压	抗折	抗压	抗折
拉法基 P·O52.5R	406	32.8	6.3	52.8	9.7
拉法基 P·O42.5R	388	26.6	5.9	49.3	8.9
南特 P·O42.5R	359	28.6	6.3	47.3	8.5
小南海 P·O52.5R	393	31.0	5.9	54.5	9.0
嘉南 P·O42.5R	361	27.9	5.7	48.1	8.7

表8.5　混凝土强度试验结果

水泥	水灰比	混凝土强度（MPa）/相对强度									
		3 d		7 d		28 d		60 d		90 d	
拉法基 P·O52.5R	0.32	62.1	0.81	66.3	0.87	76.2	1	78.3	1.03	79.7	1.05
	0.35	52.5	0.75	60.9	0.87	69.7	1	70.9	1.02	71.7	1.03
	0.38	50.3	0.79	58.4	0.92	63.4	1	65.3	1.03	65.4	1.03

续表

水泥	水灰比	混凝土强度(MPa)/相对强度									
		3 d		7 d		28 d		60 d		90 d	
拉法基 P·O42.5R	0.32	52.6	0.75	63.5	0.90	70.3	1	72.5	1.03	72.8	1.04
	0.35	42.0	0.68	56.3	0.91	62.2	1	64.1	1.03	64.6	1.04
	0.38	40.3	0.68	52.8	0.89	59.1	1	61.8	1.05	62.6	1.06
南特 P·O42.5R	0.32	49.2	0.73	58.8	0.87	67.5	1	71.1	1.05	71.8	1.06
	0.35	42.6	0.71	48.4	0.81	59.6	1	62.1	1.04	62.8	1.05
	0.38	40.7	0.73	47.1	0.85	55.7	1	58.8	1.06	59.8	1.07
小南海 P·O52.5R	0.32	58.6	0.78	67.2	0.90	75.0	1	79.4	1.06	79.7	1.06
	0.35	53.7	0.78	63.9	0.93	69.0	1	72.1	1.05	71.1	1.03
	0.38	52.1	0.82	60.7	0.96	63.2	1	66.4	1.05	66.5	1.05
嘉南 P·O42.5R	0.32	49.2	0.75	57.3	0.87	65.6	1	69.0	1.05	69.5	1.06
	0.35	43.4	0.72	50.8	0.84	60.5	1	64.6	1.07	64.3	1.06
	0.38	42.9	0.78	47.2	0.86	54.7	1	56.9	1.04	59.2	1.08

注:相对强度指不同龄期混凝土强度与 28 d 龄期混凝土强度的比值。

通用硅酸盐水泥熟料主要由 C_3S、C_2S、C_3A、C_4AF 4 种矿物组成。4 种熟料矿物中,对强度产生影响的主要矿物是 C_3S 和 C_2S,其中 C_3S 对水泥的早期强度起主要的贡献作用,C_2S 则对水泥的后期强度增长起主要作用。因此,水泥熟料中 C_3S 含量高的水泥,早期强度发展快,而后期强度增长则较少。

表8.1、表8.4、表8.5 数据表明,由于当前市售水泥普遍 C_3S、C_3A 高,细度大,早期强度发展快,因此混凝土早期强度高,3 d 强度普遍高于 28 d 强度的70%,7 d 强度一般为 28 d 强度的80%以上,但 28 d 龄期后强度增长较小。对于桥梁结构混凝土,较高的早期强度虽然有利于缩短预应力张拉龄期,但对预防结构早期开裂是有负面影响的。

美国的 Withy 分别于1910 年、1923 年和1937 年成型了 5 000 多个水泥净浆、砂浆和混凝土试件,在室外暴露。1975 年,由 Washa 和 Wendt 发表了暴露试验的结果,如图8.4 所示。图8.4 表明,用 7M 水泥配制的混凝土 50 年后抗压强度达到 52 MPa,而用 I 型水泥(当时的快硬水泥)配制的混凝土 10 年后强度开始倒缩;1937 年,按快硬水泥生产的 I 型水泥与现今水泥的平均水平相当。1996 年,Lemish 和 Elwell 在对依阿华州劣化的公路路面钻芯取样的一项研究中,也发现 10 ~ 14 年强度倒缩。由此可以得出结论,性能良好的混凝土与其强度增长慢相关。

对于特大桥混凝土,选择早期强度较低的水泥更有利于形成良好的微结构,有利于后期强度的稳定和增长,保证结构的长期性能。

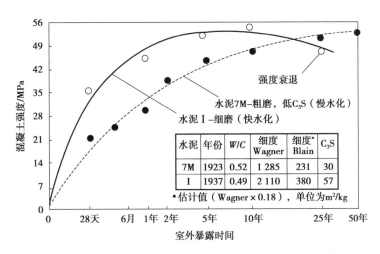

图 8.4　不同品质水泥配制的混凝土在室外暴露 50 年后强度变化

8.3.3　水泥品质对特大桥混凝土变形性能的影响

对于特大桥结构,构件断面尺寸大、约束强,混凝土的变形是引起结构施工过程开裂的重要原因。提高混凝土体积稳定性,对结构的防裂非常有益。

混凝土的变形包括荷载作用下的变形和非荷载作用下的变形。其中,与水泥品质有关的非荷载作用下的变形主要包括由水泥水化产生的化学变形、自收缩变形、碳化收缩、温度收缩等。混凝土在非荷载作用下的变形是其固有特征。在约束条件下,当混凝土的变形产生的应力超过其抗拉强度,则结构可能产生开裂。减小混凝土的变形,提高其体积稳定性,是降低混凝土开裂敏感性的技术措施之一。

（1）水泥熟料矿物组成对混凝土温度变形性能的影响

混凝土的热胀冷缩变形称为温度变形。混凝土内部的温度是水化热产生的绝热温升、浇筑温度、结构物散热降温等各种温度的叠加。温度应力取决于温差变形和约束,温差越大,约束越大,温度应力越大。当温度应力超过混凝土抗拉强度,会出现结构开裂。

对于特大桥混凝土,构件断面尺寸较大、构件间约束强,温度变形是导致裂缝产生的重要原因。对于特大桥混凝土,必须要考虑水化热、水化放热速率对结构开裂的影响。低水化热、低水化放热速率对桥梁结构施工有利。

表 8.6 是通用硅酸盐水泥熟料 4 种主要熟料矿物的水化热。从表 8.6 可以看出,水泥熟料中 C_3A 早期水化放热量及总放热量均居 4 种熟料矿物之首。水泥中 C_3A 含量越高,水泥的水化放热越大,对混凝土温升的影响越大,产生的混凝土温度变形也越大。此外,虽然水泥熟料中 C_3S 的水化放热虽不是最大最快的,但因其在水泥中的含量大,其水化放热对混凝土温度变形的影响不容忽略。因此,对于桥梁结构用水泥而言,C_3A、C_3S 含量高的水泥是不合适的。当只能被动选择水泥时,强化防裂构造设计和相应的施工技术措施是必需的。

表 8.6　水泥度熟料 4 种矿物的水化热

放热量(cal/g)　　龄期	矿物			
	C_3S	C_2S	C_3A	C_3AF
3 d	53	10	212	69
7 d	58	12	311	90
28 d	90	25	328	98
3 个月	104	42	329	118
1 年	117	54	372	118

（2）水泥熟料矿物组成对混凝土化学收缩变形的影响

水泥水化过程中,反应物与生成物的体积差产生化学变形,混凝土非荷载作用下的化学变形与熟料矿物组成有关。表 8.7 所示为 4 种水泥熟料矿物的收缩值。表 8.7 表明,水泥熟料矿物中,C_3A 具有较大的收缩率值;水泥熟料中 C_3A 含量越多,水泥石的化学收缩率越大。

表 8.7　水泥熟料 4 种矿物的收缩值

矿物	C_3A	C_3S	C_2S	C_4AF
收缩值(10^{-6}mm/mm)	2 340	790	770	490

（3）矿物掺和料对混凝土变形性能的影响

对于特大桥混凝土,为满足结构 100 年设计使用年限,要求采用高性能混凝土,混凝土耐久年限不低于 100 年。通常采用的技术路径是双掺技术,以满足混凝土高性能混凝土。在配制高性能混凝土时,往往加入较大掺量的活性细掺料以改善水化产物组成,提高混凝土耐久性能。另一方面,活性掺和料的大量掺入,使胶凝材料中 SO_3 不足,对混凝土的凝结时间、与外加剂相容性、混凝土的变形性能等产生影响。混凝土中,矿物掺和料掺量越大,SO_3 越不足。

如图 8.5 所示,矿渣和粉煤灰总掺量为 40% ,水泥中的 SO_3 被稀释至 1.3% 后,砂浆水养护 14 d 后存放于空气中 76 d,收缩值达 0.036% ;补充石膏后,同龄期收缩值随 SO_3 的增加而减少,而且从在水中膨胀到随后在空气中收缩的差值(称为膨胀率的落差,低落差对砂浆或混凝土的体积稳定性很重要)也随之减小。

对特大桥高性能混凝土,当采用普通硅酸盐水泥+活性细掺料的胶凝材料组合方案时,活性掺和料掺量若大于 20% ,应考虑 SO_3 不足对混凝土拌合物工作性和体积稳定性的影响。掺量越大,影响越大。

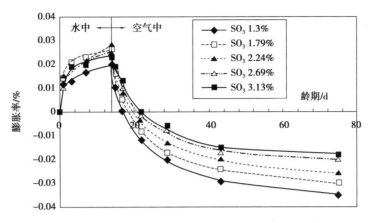

图 8.5　SO_3 含量对砂浆体积稳定性的影响

8.3.4　水泥品质对特大桥混凝土开裂敏感性的影响

（1）水泥细度对混凝土开裂敏感性的影响

为减少特大桥混凝土施工过程开裂对结构承载力、耐久性的影响,特大桥混凝土应选用开裂敏感性低的水泥。过细的水泥具有更大的开裂敏感性,如图 8.6 所示。图 8.6 中,用收缩开裂环检测水泥开裂的敏感性,从成型到开裂经过的时间越短,抗裂性越差。从图 8.6 可以看出,开裂敏感性随水泥比表面积的增大而增大。

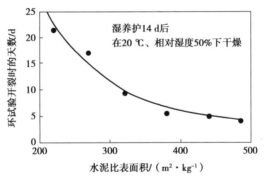

图 8.6　水泥细度和开裂敏感性的关系

从图 8.7 可以看出,水泥浆体和混凝土中,因干燥而开裂的程度随水泥比表面积增大而严重;水泥比表面积为 220 m^2/kg 时,混凝土中微裂缝极少;当水泥比表面积增加到 490 m^2/kg 时,则混凝土中密布微裂缝。这些肉眼不可见的微裂缝在早期可能是不连通和不开放的,但在服役期间受到温度、湿度等反复作用出现可见裂缝的开裂源,成为侵蚀型介质侵入的通道,影响混凝土结构的耐久性。

对于特大桥混凝土所用水泥,宜采用比表面积适当小的水泥,可以降低混凝土开裂敏感性。

（2）碱含量对混凝土开裂敏感性的影响

《通用硅酸盐水泥》(GB 175—2007)出于对预防碱-集料反应的考虑,对水泥中含碱量进行了限制。而国内外的研究结果表明,碱含量控制的目的不仅预防碱-集料反应,还降低了混凝土的开裂倾向。

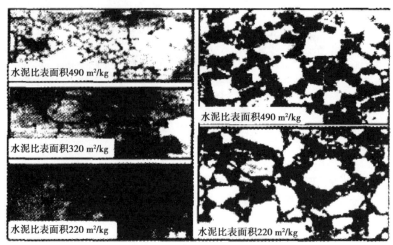

  (a)干燥的水泥浆体   (b)混凝土的微裂缝

图8.7 水泥细度对水泥石和混凝土开裂的影响

  Burrows 在美国佛罗里达的青山坝对 104 种混凝土的面板进行了 53 年的调查研究,发现开裂严重、劣化了的混凝土中,有的水泥含碱量高,但所用骨料并没有碱活性;还有的使用高碱水泥同时所用骨料也有活性,但是检测的结果却没有碱-骨料反应的产物,而混凝土却开裂了。这表明碱能促进水泥的收缩开裂。

  美国国家标准局对 199 种水泥进行了 18 年以上的调研,结果表明碱和细度、C_3A 和 C_4AF 的因素一起极大地影响水泥的抗裂性。即使水泥也有相同水化率(强度)和相同的自由收缩,低碱水泥也有内在的抵抗开裂的能力。当含碱量低于 0.6% Na_2O 当量时,水泥的抗裂性明显增加;当进一步降低到趋向于 0 时,这种能力会进一步改善,尽管这是做不到的。

  由于碱-骨料反应必须在混凝土中有足够的含碱量、足够数量的活性骨料和足够的水分供应三个条件同时存在的情况下才会发生,并不要求任何情况下都限制水泥的含碱量,因此,我国现行水泥国家标准也并未将水泥碱含量作为强制性指标。但是,促进混凝土收缩裂缝的生成和发展以致造成混凝土结构物的劣化,却是高含碱量对混凝土更大的威胁。

  用于特大桥的水泥,不管是否使用活性骨料,应将水泥中的含碱量减到最小。

8.3.5 水泥品质对特大桥混凝土耐久性能的影响

  结合重庆地区环境特点,特大桥混凝土耐久性能主要从抗冻性、抗硫酸盐侵蚀两方面进行讨论。

  (1)水泥品质对混凝土抗冻性的影响

  图 8.8 所示为水泥细度与混凝土抗冻性的关系。从图 8.8 可以看出,混凝土抗冻性几乎随水泥细度的增大而直线下降,表明水泥细度的增大对混凝土耐久性的影响是

负面的。这与粒度较粗水泥对裂缝的自愈能力较粒度较细水泥强有关。Heam(1949年)和 Mather(1993 年)的研究表明,粒度较粗水泥的渗透性随龄期增长而下降。

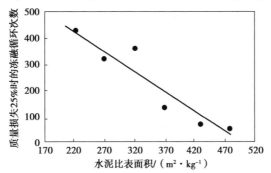

图 8.8　混凝土抗冻性与水泥比表面积的关系

图 8.9 所示为 Burrows 等对水泥细度和碱含量交互作用与混凝土抗冻性的影响研究试验结果。结果表明,用粗磨、低碱水泥时,引气混凝土可经受住 550 次冻融循环,但用细磨的、高碱水泥则经受不到 100 次循环。

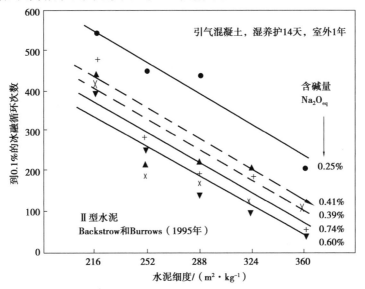

图 8.9　水泥细度和含碱量对混凝土抗冻性影响的交互作用

(2)水泥品质对混凝土抗硫酸盐侵蚀的影响

混凝土硫酸盐侵蚀的主要类型如下:

①钙矾石(AFt)结晶膨胀型侵蚀。其主要侵蚀机理是侵入混凝土内部的硫酸盐与水泥石中的 $Ca(OH)_2$ 作用,生成硫酸钙,硫酸钙再与水泥水化产物中的水化铝酸钙反应生成 AFt。因 AFt 在固相中的生成而产生显著体积膨胀,导致结构开裂。

②石膏结晶型侵蚀。其主要侵蚀机理是侵蚀溶液中硫酸根离子浓度高,与水泥石毛细孔溶液中的 $Ca(OH)_2$ 作用,生成的二水石膏结晶析出产生体膨,同时因 $Ca(OH)_2$ 的消耗导致其他水化产物分解。

③碳硫硅钙石型侵蚀(TSA)。碳硫硅钙石的形成可分为离子迁移(SO_4^{2-} 通过混凝土孔隙向内迁移,OH^-、Ca^{2+} 从水泥石中溶出,向外扩散)、AFt 生成、石膏生成、碳硫硅钙石生成 4 个时期。TSA 是直接导致 C—S—H 凝胶解体,逐渐由表及里使水泥石变为无强度、无黏结力的砂石混合物,其破坏性较传统硫酸盐侵蚀更强。TSA 经常发生于采用石灰石质骨料拌制的混凝土中,其劣化程度随石灰石粉末含量增加而加剧。

④$MgSO_4$ 双侵蚀型。当侵蚀溶液中 SO_4^{2-} 和 Mg^{2+} 共存时,将发生 $MgSO_4$ 双侵蚀破坏,其原因是 Mg^{2+} 和 SO_4^{2-} 均为侵蚀源,二者破坏效应相互叠加构成严重的复合侵蚀。

混凝土硫酸盐侵蚀的影响因素如图 8.10 所示。

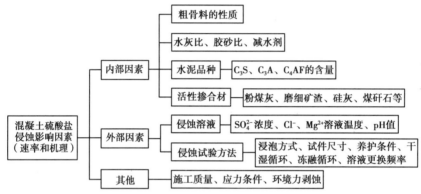

图 8.10　混凝土硫酸盐侵蚀的影响因素

(3)水泥矿物组成对混凝土抗硫酸盐侵蚀的影响

硅酸盐水泥熟料主要含 C_3S、C_2S、C_3A、C_4AF,正常水化反应生成物为 C—S—H、$Ca(OH)_2$、少量 AFt。混凝土抗硫酸盐侵蚀能力在很大程度上取决于水泥熟料的矿物组成及其相对含量,尤其取决于 C_3A 和 C_3S 的含量。

C_3A 水化析出水化铝酸钙是形成钙矾石的必要组分,C_3S 水化析出大量的 $Ca(OH)_2$ 是形成石膏的必要反应相。降低 C_3A 和 C_3S 的含量,也就相应地减少了形成钙矾石和石膏的可能性,从而提高混凝土的抗硫酸盐侵蚀能力。C_3A 含量越低,水泥抗硫酸盐侵蚀性能就越好。硅酸盐水泥各熟料矿物抗硫酸盐侵蚀性能强弱:$C_4AF>C_3A$,$C_2S>C_3S$。

基于混凝土硫酸盐侵蚀机理,《抗硫酸盐硅酸盐水泥》(GB 748—2005)规定,抗硫酸盐硅酸盐水泥熟料中,$C_3A≤5.0\%$,$C_3S≤55\%$;高抗硫酸盐硅酸盐水泥熟料中,$C_3A≤3.0\%$,$C_3S≤50\%$。对于当前市售通用硅酸盐水泥,C_3A、C_3S 在熟料中的含量高,其抗硫酸盐侵蚀的能力不强。

(4)矿物掺合料对混凝土抗硫酸盐侵蚀的影响

粉煤灰、磨细矿渣粉、硅灰等活性掺合料中含有大量活性 SiO_2 和活性 Al_2O_3。掺入这些活性掺合料后,降低了水泥中 C_3A 和 C_3S 的含量,还能与水泥水化产物 $Ca(OH)_2$ 发生二次水化反应;其生成的凝胶产物主要填充水泥石的毛细孔,还有掺合料的微集料物理填充作用,提高了水泥石的密实度,使侵蚀介质浸入混凝土内部更为困难；另外，由于二次水化反应，这使水泥石中 $Ca(OH)_2$ 含量大量减少，毛细孔中石灰溶液浓度降低，即使在 SO_4^{2-} 浓度很高的环境水中，石膏结晶的速度和数量也大大减少，从而使混凝土的抗侵蚀能力增强。采用这几种活性掺合料的双掺、混掺，以及它们各自与高效减水剂双掺而配制成低水胶比的混凝土，更能提高混凝土的抗硫酸盐侵蚀能力，如图 8.11、图 8.12 所示。

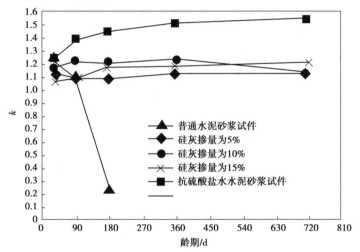

图 8.11　硫酸钠溶液中砂浆抗蚀系数的经时变化

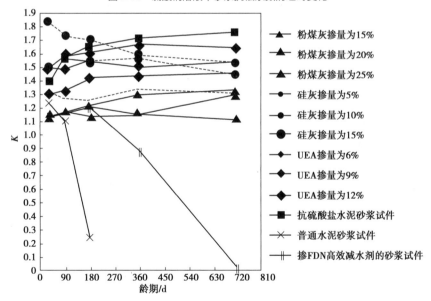

图 8.12　不同掺合料和外加剂砂浆试件在硫酸钠溶液中抗蚀系数的经时变化

8.4　混凝土断裂性能

混凝土材料的固有特征是非均质性和时变性。在现行水泥标准条件下，水泥细度大，水泥中 C_3S、C_3A 含量高，水泥质量波动较大，水泥品质与特大桥混凝土结构适应性欠佳;加之特大桥结构复杂,构件间约束作用强,施工过程不可控因素多,在混凝土微结构形成、施工、服役过程中,其内部普遍存在缺陷或微裂缝,结构普遍处于带裂缝工作状态。

在当前水泥品质与特大桥适应性暂不可改变的条件下,研究混凝土的断裂性能及断裂韧度影响因素,提高混凝土在带裂状态下的抗裂性能,对特大桥结构的安全运行具有重要的应用意义。

根据混凝土断裂力学研究成果,知道材料的断裂韧度 K_{IC},可以在给定的工作应力 σ 情况下,计算出裂缝发生失稳扩展的临界裂缝长度,由此估计已带裂缝构件的寿命和安全性;或者在一定的裂缝长度情况下,计算结构可以承受多大的工作应力 σ 而不至于发生脆性断裂;也可以在一定的工作应力 σ 和一定长度裂缝出现成为不可避免的工作环境下进行合适的选材,以满足使用要求。在桥梁结构设计及正常使用过程中,利用裂缝出现和扩展过程可以预报结构安全状态的特点,为结构物的裂缝检查及维护创造有利条件,并通过在特殊情况下的强度校核和安全寿命评估,保证桥梁的安全运行。

8.4.1 混凝土结构中的裂缝形成与分类

混凝土结构中的裂缝,可以按裂缝产生原因、裂缝有害程度、裂缝深度、裂缝出现时间、裂缝形状、裂缝位置与应力方向关系等进行分类。

(1)按裂缝产生原因分类

按裂缝产生原因分为荷载作用下的裂缝,变形作用下的裂缝,混合作用(荷载与变形共同作用)下的裂缝,碱骨料反应、超量 CaO/MgO 膨胀应力引起的裂缝,其他原因引起的裂缝。

(2)按裂缝有害程度(裂缝宽度对使用功能及耐久性要求)分类

①有害裂缝(轻度,宽度略超规定 20%;中度,超规定 50%;重度,超规定 100%):指贯穿性纵深及浅层裂缝(到达受力钢筋部位),对有抗渗、防腐、防辐射等特殊要求的有害裂缝宽度,应根据生产要求的专门规定进行裂缝深度评估。

②无害裂缝:微观裂缝、表面裂缝、一定程度的宏观裂缝。对表面裂缝超过允许宽度,长度较短,断断续续,对使用功能有影响者,仍按轻度有害裂缝处理。

(3)按裂缝深度(h)与截面厚度(H)关系分类

按裂缝深度与截面厚度关系分为表面裂缝($h \leqslant 0.1H$)、浅层裂缝($h < 0.5H$)、深层裂缝($H > h \geqslant 0.5H$)、贯穿裂缝($h = H$)。

(4)按裂缝出现时间分类

①早期裂缝(0~3 d,其中初凝前为塑性收缩裂缝时期,早期最终达 28 d)。

②中期裂缝(28~180 d)。

③后期裂缝(180~360 d、720 d)。根据混凝土配合比及环境条件,收缩应力潜伏期最终 20 年。

裂缝随时间扩展过程为：微裂→初裂（断断续续）→通裂→增扩→稳定与不稳定。

（5）按裂缝与应力方向的关系

裂缝混凝土破坏的过程实质上就是裂缝的产生、扩展和失稳的过程。混凝土内部众多的裂缝端部的应力集中引起混凝土开裂，从而导致解体破坏。按应力方向的关系，可将裂缝分为张开型裂缝（Ⅰ型）、滑开型裂缝（Ⅱ型）、撕开型裂缝（Ⅲ型）。

8.4.2　混凝土断裂过程及判定

混凝土破坏的过程实质上就是裂缝的产生、扩展和失稳的过程。混凝土内部众多的裂缝端部的应力集中是引起混凝土开裂，从而导致解体破坏。徐世烺和 Reinhardt 提出了将反映混凝土软化的虚拟裂缝概念和弹性等效概念结合起来的混凝土裂缝扩展模型，包括双 K 断裂模型、基于断裂黏聚力的 KR 阻力曲线模型、双 G 断裂模型和新 GR 阻力曲线模型。双 K 断裂模型和基于裂缝黏聚力的 KR 阻力曲线模型从应力层面出发，以应力强度因子 KI 为控制参数；双 G 断裂模型和新 GR 阻力曲线模型则从能量层面上分析，以能量释放率为控制参数，它们彼此之间存在相互等价性。

双 K 断裂模型以应力强度因子为参数对混凝土断裂过程进行判定：

①$K < K_{\mathrm{IC}}^{\mathrm{ini}}$，裂缝不起裂；

②$K = K_{\mathrm{IC}}^{\mathrm{ini}}$，裂缝开始稳定扩展；

③$K_{\mathrm{IC}}^{\mathrm{ini}} < K < K_{\mathrm{IC}}^{\mathrm{un}}$，裂缝处于稳定扩展阶段；

④$K = K_{\mathrm{IC}}^{\mathrm{un}}$，裂缝开始失稳扩展；

⑤$K > K_{\mathrm{IC}}^{\mathrm{un}}$，裂缝处于失稳扩展阶段。

$K_{\mathrm{IC}}^{\mathrm{ini}}$ 表示结构材料要在混凝土基相形成宏观自由裂缝的抵抗力。在裂缝扩展开始进行时，结构处于弹性阶段，其对应的状态为初始裂缝长度 a_0 和起裂荷载 P_{ini}，由这两个参数可以确定初始断裂韧度 $K_{\mathrm{IC}}^{\mathrm{ini}}$ 的大小。在临界失稳状态，虚拟裂缝有一定的扩展量，对应于临界弹性等效裂缝长度 a_{c} 和极值荷载 P_{max}，由此可以确定失稳断裂韧度 $K_{\mathrm{IC}}^{\mathrm{un}}$，它表示在临界状态带缝构件抵抗裂缝的最大能力。在实际应用中，$K = K_{\mathrm{IC}}^{\mathrm{ini}}$ 可作为主要结构裂缝扩展的判断准则；$K_{\mathrm{IC}}^{\mathrm{ini}} < K < K_{\mathrm{IC}}^{\mathrm{un}}$ 可作为主要结构失稳扩展前的安全警报；$K = K_{\mathrm{IC}}^{\mathrm{un}}$ 可作为一般结构裂缝扩展的判断准则。

双 G 断裂模型以能量型参数对混凝土断裂过程进行判定。与双 K 参数相似，引入两个以能量释放率为表征特性的判定参数，即初始断裂韧度 $G_{\mathrm{IC}}^{\mathrm{ini}}$ 和失稳断裂韧度 $G_{\mathrm{IC}}^{\mathrm{un}}$，作为裂缝稳定扩展阶段和失稳扩展阶段的分界点。根据裂缝尖端能量释放率 G 与两个参数的关系判定材料所处的状态：

①$G < G_{\mathrm{IC}}^{\mathrm{ini}}$，裂缝不起裂；

②$G = G_{\mathrm{IC}}^{\mathrm{ini}}$，裂缝初始起裂；

③$G_{\mathrm{IC}}^{\mathrm{ini}} < G < G_{\mathrm{IC}}^{\mathrm{un}}$，裂缝稳定扩展；

④$G = G_{\mathrm{IC}}^{\mathrm{un}}$，裂缝处于临界失稳状态；

⑤$G>G_{IC}^{un}$,裂缝失稳扩展。

在实际应用中,根据结构安全的不同要求而采用相应的安全判定准则。对一些裂缝出现要求严格的结构,$G=G_{IC}^{ini}$ 可作为裂缝扩展的判断准则;$G_{IC}^{ini}<G<G_{IC}^{un}$ 则可作为重要结构扩展前的安全警报;$G=G_{IC}^{un}$ 可作为一般结构裂缝扩展的判断准则。

双 K 断裂模型和双 G 断裂模型是描述两个不同断裂瞬态的模型,引入描述混凝土裂缝是否开始扩展的起裂韧度参数 K_{IC}^{ini} 或 G_{IC}^{ini} 和描述混凝土稳定裂缝极限发展上限值的失稳断裂韧度参数 K_{IC}^{un} 或 G_{IC}^{un}。用这两个瞬态能很好地控制混凝土断裂过程所经历的起裂、稳定扩展和失稳扩展 3 个阶段。图 8.13 所示为混凝土典型的荷载-位移曲线,图中Ⅰ、Ⅱ、Ⅲ阶段分别代表混凝土断裂所经历的起裂、稳定扩展和失稳扩展 3 个阶段。

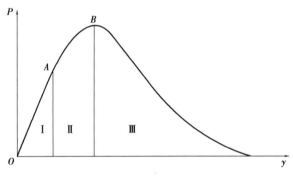

图 8.13　典型荷载位移曲线

8.4.3　砂浆断裂韧度影响因素研究

作为混凝土的基相,砂浆对混凝土中初始裂缝的产生及扩展有着重要的影响。水灰比、砂率、纤维品种及掺量等均对砂浆的断裂韧度有影响,根据特大桥 C50、C60 混凝土配合比参数范围选择各影响因素。

(1)胶砂比对砂浆断裂韧度的影响

胶砂比对砂浆断裂韧度影响配合比参数及相关性能测试结果如表 8.8、图 8.14所示。

表 8.8　胶砂比对砂浆断裂能影响试验配合比及性能测试结果

编号	配合比参数		28 d 强度(MPa)		断裂能(N/m)
	W/C	C:S	抗折	抗压	
S1-1		1:0.0	19.7	51.3	19.7
S1-2		1:1.2	64.0	55.5	64.0
S1-3	0.35	1:1.5	83.3	57.5	83.3
S1-4		1:1.8	62.6	58.4	62.6
S1-5		1:2.1	72.7	56.8	72.7

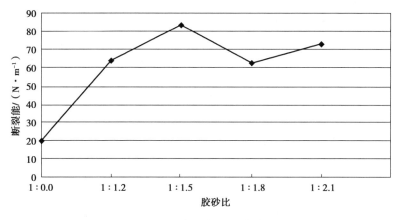

图 8.14 胶砂比对砂浆断裂能的影响

表 8.8、图 8.14 表明,水泥石基体中掺入细集料,对提高基体的断裂能有益。另外,与掺细集料的砂浆试件相比,水泥净浆试件在三点加荷条件下,几乎产生脆性断裂,基本没有断裂过程区存在,试件一开裂即进入裂缝失稳扩展;随着细集料掺入比例提高,砂浆试件的应变及断裂能提高,达到峰值后则随胶砂比的减小而减小。

（2）水灰比对砂浆断裂韧度的影响

水灰比对砂浆断裂韧度影响研究配合比参数及试验结果如表 8.9、图 8.15 所示。

表 8.9 水灰比对砂浆断裂能影响试验配合比及力学性能

编号	配合比参数		28 d 强度（MPa）		断裂能（N/m）
	C：S	W/C	抗折	抗压	
S2-1		0.32	10.2	63.1	77.4
S2-2	1：1.8	0.35	9.2	58.7	71.2
S2-3		0.38	8.7	53.5	67.6
S2-4		0.41	7.8	47.4	61.0

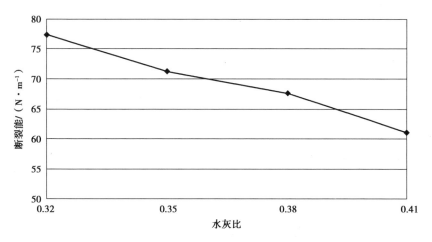

图 8.15 水灰比对砂浆断裂能的影响

表8.9、图8.15表明,砂浆断裂韧度随水灰比的增大而降低;降低水灰比,提高砂浆强度,有利于提高砂浆抗裂能力。

8.4.4 混凝土断裂性能影响因素研究

根据特大桥C50、C60混凝土配合比参数范围,选择各因素水平。

(1)砂率对混凝土断裂能及断裂韧性的影响

砂率对混凝土断裂能影响配合比及试验结果如表8.10、图8.16、图8.17所示。

表8.10 砂率对混凝土断裂性能影响试验配合比及力学性能

编号	配合比参数		28 d立方体抗压强度(MPa)	断裂能(N/m)	起裂韧度(MPa·m$^{\frac{1}{2}}$)	失稳韧度(MPa·m$^{\frac{1}{2}}$)
	W/C	砂率(%)				
C1-1		38	65.2	148.2	0.918	2.101
C1-2	0.35	42	63.5	142.3	0.856	2.029
C1-2		46	62.9	131.5	0.722	1.768

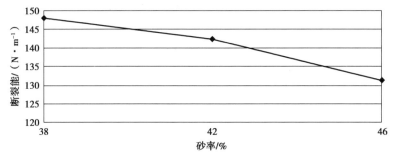

图8.16 砂率对混凝土断裂能的影响

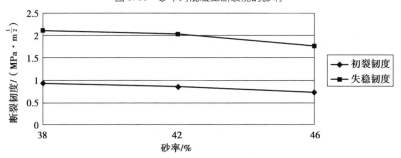

图8.17 砂率对混凝土断裂韧度的影响

表8.10、图8.16、图8.17表明,由于粗集料的掺入,混凝土断裂韧度较砂浆断裂韧度大;在一定的砂率范围内,随着砂率的降低、粗集料比例的增大,混凝土的断裂韧度提高。

(2)水灰比对混凝土断裂性能的影响

水灰比对混凝土断裂性能的影响配合比及试验结果如表8.11、图8.18、图8.19所示。

表 8.11　水灰比对混凝土断裂能影响试验配合比及性能测试结果

编号	W/C	28 d 立方体抗压强度（MPa）	断裂能（N/m）	起裂韧度（$MPa \cdot m^{\frac{1}{2}}$）	失稳韧度（$MPa \cdot m^{\frac{1}{2}}$）
C2-1	0.32	70.9	164.9	0.954	2.056
C2-2	0.35	62.4	138.3	0.888	1.946
C2-3	0.38	56.7	124.0	0.745	1.759
C2-4	0.41	50.0	96.6	0.586	1.599

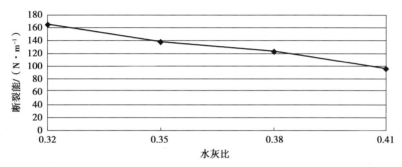

图 8.18　水灰比对混凝土断裂能的影响

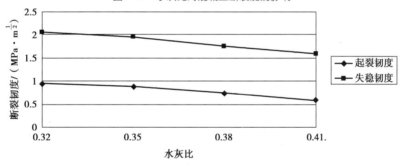

图 8.19　水灰比对混凝土断裂韧度的影响

表 8.11、图 8.18、图 8.19 表明,混凝土的断裂韧度与其强度有直接关系;随着水灰比的降低,混凝土强度提高,K_{IC} 随之而增大。

(3)粗集料对混凝土断裂性能的影响

粗集料分别采用 4.75~26.5 mm、4.75~19.0 mm、4.75~9.5 mm 石灰岩碎石及 4.75~19.0 mm 碎卵石,配合比及试验结果如表 8.12 所示。

表 8.12　粗集料品种及粒径对混凝土断裂性能影响试验配合比及性能测试结果

编号	W/C	粗集料		28 d 立方体抗压强度（MPa）	断裂能（N/m）	起裂韧度（$MPa \cdot m^{\frac{1}{2}}$）	失稳韧度（$MPa \cdot m^{\frac{1}{2}}$）
		品种	规格				
C3-1	0.35	石灰岩碎石	4.75~26.5 mm	62.3	152.5	0.905	2.344
C3-2		石灰岩碎石	4.75~19.0 mm	62.4	138.3	0.888	1.946
C3-3		碎卵石	4.75~19.0 mm	61.8	120.8	0.817	2.047
C3-4		石灰岩碎石	4.75~9.5 mm	64.9	111.9	0.742	1.789

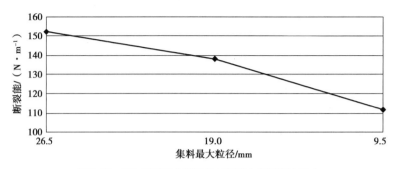

图 8.20　石灰岩碎石集料粒径对混凝土断裂能的影响

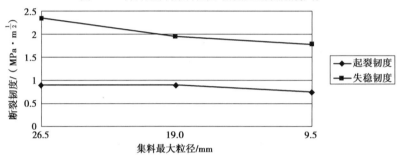

图 8.21　石灰岩碎石集料最大粒径对混凝土断裂韧度的影响

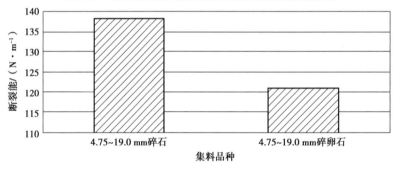

图 8.22　集料品种对混凝土断裂能的影响

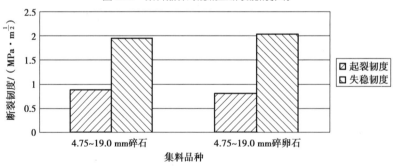

图 8.23　集料品种对混凝土断裂韧度的影响

　　表 8.12、图 8.20 至图 8.23 表明,在一定的集料粒径范围内,随着集料粒径的增大,混凝土断裂韧度增大;粗集料的品种对混凝土断裂韧度有一定的影响,影响的程度与集料的级配、集料自身强度及粒形等有关;另外,粗集料的加入,对混凝土的断裂韧度有提高的作用。

8.5 工程案例及分析

8.5.1 重庆长江大桥复线桥专用水泥及其应用

重庆长江大桥复线桥是在重庆长江大桥上游平行新建的一座特大型桥梁,始建于2003年,设计基准期为100年。桥梁结构体采用长联大跨径钢混组合式刚构-连续组合梁,桥跨由北向南布置为87.5 m+4×138 m+330 m+133.75 m,总长1 103.5 m,单向四车道,桥面宽19 m。大桥主跨为330 m,采用钢-混凝土箱梁混合形式,其桥型、跨径均居世界之首。

由于大桥结构、构造复杂,超静定次数较多,混凝土结构断面尺寸大,温度变化及混凝土的收缩、徐变等对内力的影响大,加之重庆地区大气环境较为恶劣,为确保工程质量,设计单位对用大桥C50、C60混凝土的体积稳定性、耐久性、力学性能等提出了较高的要求。

针对大桥高性能、大体积混凝土的结构特点,建设单位组织施工单位、科研单位、水泥厂商的相关技术人员就大桥用水泥技术性能要求进行讨论,在《通用硅酸盐水泥》(GB 175—2007)基础上,对大桥用P·O52.5水泥的技术性能要求作了进一步的细化。由于针对大桥用水泥与水泥厂商供应市场的水泥有所差别,因此水泥使用方与供应方达成一致意见,用于大桥混凝土的水泥专门组织生产、专库存放,即大桥专用水泥。

1)专用水泥品质要求

水化热:3 d水化热≤265 kJ/kg,7 d水化热≤295 kJ/kg;碱含量:满足低碱要求,钠当量≤0.60%,氯离子含量≤0.02%,熟料中铝酸三钙含量≤6.0%;抗压强度:3 d强度≤32 MPa,28 d强度≥56 MPa;离散性:28 d抗压强度标准偏差≤1.5 MPa,变异系数≤3.0%。其他质量指标满足现行国家或行业标准。

2)专用水泥抽检结果

重庆长江大桥复线桥专用水泥抽检结果如表8.13、表8.14所示。

表8.13 专用52.5水泥熟料全分析 单位:%

编号	Loss	SiO_2	Al_2O_3	Fe_2O_3	CaO	MgO	SO_3	总和	f-CaO	C_3S	C_2S	C_3A	C_4AF
1	0.43	22.06	4.33	4.64	66.79	0.88	0.25	99.38	0.50	67.74	12.23	3.61	14.11
2	0.40	22.05	4.23	4.79	66.69	0.95	0.32	99.38	0.96	67.30	12.32	3.22	14.56
3	0.35	22.34	4.21	4.83	67.03	0.94	0.31	99.66	0.33	66.94	13.64	2.96	14.68

注:水泥全分析数据由水泥厂商提供。

表 8.14　专用 52.5 水泥抽样检测数据

标准稠度用水量(%)	比表面积(m²/kg)	碱含量(%)	氯离子含量(%)	细度(%)	凝结时间(h)		安定性	强度(MPa)				水化热(kJ/kg)		
					初凝	终凝		3 d 抗折	3 d 抗压	28 d 抗折	28 d 抗压	1 d	3 d	7 d
28.2	429	0.52	0.014	0.2	$3\frac{1}{3}$	4.25	合格	5.8	28.9	9.1	56.4	189	249	286

3)专用水泥对混凝土性能的影响

(1)对混凝土绝热温升的影响

对大体积混凝土而言,控制混凝土水化热、降低混凝土绝热温升、减小混凝土温度变形是减少混凝土冷缝产生、提高结构耐久性重要措施。从表 8.15 可以看出,大桥专用水泥对降低混凝土的绝热温升非常显著,大桥专用水泥比市售 P·O52.5 水泥更适合于配制大桥大体积混凝土。

表 8.15　水泥对混凝土绝热温升影响对比

水泥	水化热(kJ/kg)		C50 混凝土绝热温升(℃)		C60 混凝土绝热温升(℃)	
	3 d	7d	3 d	7 d	3 d	7 d
大桥专用 52.5 水泥	249	286	43.3	49.8	49.2	56.6
市售 P·O52.5 水泥	328	372	57.1	64.7	64.9	73.6

注:绝热温升计算采用工程实际配合比,C50 水泥用量为 335 kg/m³,S95 矿渣粉为 112 kg/m³;C60 水泥用量为 400 kg/m³,S95 矿渣粉为 100 kg/m³。

(2)专用水泥对混凝土耐久性的影响

①对抗硫酸盐侵蚀的影响。重庆是酸雨非常严重的地区。根据环境监测资料,重庆地区的降雨90%以上均为 pH=4.5~5.5 的酸雨,环境作用等级属 D 级(强腐蚀环境)。抗硫酸盐侵蚀是重庆地区混凝土耐久性设计的重点之一。大桥专用水泥熟料中 C_3A 平均含量为 3.26%,达到规范中抗硫酸盐水泥对 C_3A 小于 5%的要求,接近高抗硫酸盐水泥 C_3A 不大于 3%的要求,具有较高的抗硫酸盐侵蚀性能。

②对碱-集料反应的影响。碱-集料反应发生的条件有 3 个:一是混凝土中存在一定数量的碱,二是集料具有活性,三是有水存在。用于大桥的所有集料均进行了碱活性检测以保证不使用具有碱活性的集料,同时为确保万无一失,对专用水泥的碱含量做了严格的规定以预防碱-集料反应的发生。

此外,对水泥含碱量的控制,以往主要从控制碱-集料反应角度提出要求。工程实践发现,不管是否有活性骨料存在,碱的影响首先表现在增加混凝土的开裂倾向。低碱水泥对降低混凝土的开裂倾向、提高混凝土的耐久性也是有利和必要的。

③对钢筋锈蚀的影响。氯离子浓度及其渗透速度是引起钢筋混凝土及预应力钢

筋混凝土中钢筋锈蚀的主要原因。大桥专用水泥对氯离子含量做了严格的规定,要求水泥中氯离子含量不大于 0.02%,可有效地防止钢筋锈蚀的发生。

(3)对体积稳定性的影响

混凝土的体积变化从成型后就开始发生,包括早期体积变化、硬化过程中的体积变化及硬化后的体积变化。当混凝土的体积变化受到约束时,就可能产生开裂。提高体积稳定性是保证混凝土耐久性的前提。

混凝土非荷载作用下的变形主要有初期体积变化主要是由凝结硬化前的沉降、塑性收缩引起,硬化过程中的体积变化主要包括干燥收缩、自收缩、水化反应变形等,硬化后的体积变化包括碳化收缩、温度变形等。专用水泥对体积稳定性的影响主要表现在其对化学变形及温度变形的影响。

水泥水化后,水泥-水体系的绝对体积减小称为化学收缩,化学收缩与水泥的组成有关。在水泥的熟料矿物中,C_3A 的收缩最大,约为 C_2S、C_3S 收缩的 3 倍,约为 C_4AF 的 4.5 倍。水泥中 C_3A 含量越高,则水化收缩越大。专用水泥熟料矿物中 C_3A 平均含量为 3.26%,远低于普通硅酸盐水泥的 C_3A 含量,对降低混凝土化学收缩有利。

温度收缩又称为冷缩,是由于混凝土内部温度因水泥的水化放热而升高,在混凝土冷却至环境温度过程中产生的收缩。温度收缩的大小与混凝土热膨胀系数、内部最高温度、降温速度等有关。表 8.15 表明,专用水泥显著降低混凝土的绝热温升,从而显著降低混凝土结构内部最高温度,可以从根本上减少冷缩及由此导致的开裂。同时,水化热的降低还可减少大体积混凝土冬、夏季的养护成本,降低冬、夏季的施工控制难度,更有利于保证工程质量。

4)对其他性能的影响

(1)与外加剂的相容性

对水泥而言,影响水泥与高效减水剂相容性的主要因素是 SO_3 含量同水泥中 C_3A、细度和碱含量的匹配。当不能做到石膏的重新优化时,C_3A 和碱含量低的水泥与外加剂具有较好的相容性。

(2)对混凝土强度变异性的影响

根据混凝土搅拌站强度统计数据,C50 混凝土强度的标准差为 4.32 MPa,C60 混凝土强度的标准差为 3.29 MPa;施工单位抽检 C50 与 C60 混凝土强度统计标准差均为 5.7 MPa。较小的标准差除与本工程严格的质量管理有关外,水泥质量的稳定性也是重要的因素。混凝土强度标准差越小,在满足规范的条件下可降低混凝土配制强度,控制胶凝材料总用量,从而降低化学收缩、降低水化放热总量、降低混凝土温升、减少混凝土开裂及温度变形、降低混凝土徐变等,对提高混凝土的综合技术性能起到非常重要的作用。

5)专用水泥应用效果评价

针对大桥大体积结构特征,在《普通硅酸盐水泥》(GB 175—2007)的基础上,在重庆地区首次对特大桥水泥品质上提出专门要求,主要指标包括水泥早期强度的上限以及 3 d、7 d 水化热控制指标。重庆长江大桥复线桥专用水泥的使用,在重庆地区桥梁建设中第一次实现了根据工程需要生产水泥,对提高混凝土体积稳定性、耐久性等起到直接、有效的作用。实践证明,专用水泥配制的高性能混凝土具有良好的综合技术性能。重庆长江大桥复线桥专用水泥已在重庆嘉华嘉陵江大桥、重庆朝天门长江大桥等特大型桥梁工程得到了推广应用。

8.5.2 重庆双碑嘉陵江大桥 C50 混凝土配合比系统优化

1)主桥 C50 混凝土应用情况

C50 混凝土采用重庆拉法基 P·O42.5R 水泥、重庆××建材公司 S95 磨细矿渣粉、重庆××电厂Ⅱ级粉煤灰、四川××KS-JS60 混凝土泵送剂、巴南××5～20 mm 石灰岩碎石、××中砂配制而成。单方混凝土材料用量如表 8.16 所示,配合比参数如表 8.17 所示。

表 8.16　C50 混凝土单方材料用量　　　　　　　　　　　单位:kg/m³

水泥	矿渣粉	粉煤灰	细集料	粗集料	水	泵送剂
360	90	30	722	1 084	155	6.24

表 8.17　0 号块 C50 混凝土配合参数

单方混凝土胶凝材料总用量(kg/m³)	胶凝材料组成(%)		外加剂掺量(%)	水胶比	砂率(%)
	水泥	矿渣粉+粉煤灰			
480	75	25	1.3	0.32	40

2)主梁 C50 混凝土配合比系统优化

结合重庆双碑嘉陵江大桥主桥 P26 号墩 0 号块施工现场情况,对大桥 C50 混凝土配合比进行系统优化。优化的目标是:保证混凝土拌合物工作性,特别是凝结时间满足现场浇筑要求;提高混凝土体积稳定性,降低混凝土温升及由此产生的温度变形。

(1)外加剂调整

外加剂调整由外加剂厂根据施工现场混凝土拌合物工作性和凝结时间要求进行。结合本工程所采用胶凝材料,外加剂厂有针对性地开展外加剂与温度适应性试验研究,并在混凝土搅拌站对外加剂经时性、缓凝时间进行验证性试验,结果如表 8.18 所示。

表 8.18　外加剂与混凝土拌合物性能

编号	单方混凝土材料用量(kg/m³)							坍落度/扩展度(mm)		凝结时间(h)	
	C	FA	BFS	W	S	G	A	初始	2 h	初凝	终凝
A1	360	30	90	155	722	1 084	6.7	230/560	200/430	28	33.5

续表

编号	单方混凝土材料用量(kg/m³)							坍落度/扩展度(mm)		凝结时间(h)	
	C	FA	BFS	W	S	G	A	初始	2 h	初凝	终凝
A2	380	30	70	155	722	1 084	7.1	240/600	210/450	28.5	34

注:①凝结时间测试条件为室外自然条件,温度为 32~36 ℃。

　　②表中 C 代表水泥,BFS 代表磨细矿渣粉,FA 代表粉煤灰,W 代表水,S 代表细集料,G 代表粗集料,A 代表外加剂。

(2)集料级配优化

混凝土中,集料起到骨架作用,是混凝土堆聚结构中重要的组成部分。混凝土拌合物中的水泥浆起到填充、包裹和润滑的作用,硬化后的水泥石对集料起到胶结作用。良好的集料颗粒形状和级配能有效增大集料的堆积密度,降低空隙率,减少混凝土中填隙水泥浆用量,减少混凝土中水泥总用量,增加混凝土拌和物流动度,减少由于水化温升、化学变形等非荷载作用下混凝土的体积变形,提高混凝土的体积稳定性,降低混凝土开裂倾向。此外,由于粗集料的桥锁作用,对混凝土内部裂缝的扩展起到阻裂作用。裂缝过程区的形成,客观上增加了裂缝实际扩展长度,吸收更多的能量,对提高混凝土断裂韧度有利。集料质量的控制,对提高混凝土与特大桥相适应的品质具有非常有效、重要的作用。

①细集料。细集料采用××中砂,含泥量为1%,级配如表8.19所示。

表8.19　细集料级配

筛孔尺寸(mm)	9.50	4.75	2.36	1.18	0.60	0.30	0.15	筛底
累计筛余(%)	0	5	19	32	55	78	95	100
级配要求	0	0~10	0~25	10~50	41~70	70~92	90~100	
细度模数	2.7							

②粗集料。粗集料采用巴南××石灰岩碎石,表观密度为 2.71 g/cm³,含泥量为0.4%,针片状颗粒含量为3%,压碎值为7%。采用 4.75~9.5 mm、9.5~19.0 mm 两级配制备。集料级配调整及性能测试结果如表8.20所示。

表8.20　粗集料级配调整及性能测试结果

(9.5~19.0 mm):(4.75~9.5mm)	累计筛余(%)							堆积密度(g/cm³)	空隙率(%)
	26.5 mm	19.0 mm	16.0 mm	9.50 mm	4.75 mm	2.36 mm	筛底		
70:30	0	12	25	63	98	99	100	1.43	45.0
65:35	0	9	22	65	99	99	100	1.46	43.5
60:40	0	8	21	67	99	99	100	1.42	45.9

续表

(9.5～19.0 mm) : (4.75～9.5mm)	累计筛余(%)							堆积密度 (g/cm³)	空隙率 (%)
	26.5 mm	19.0 mm	16.0 mm	9.50 mm	4.75 mm	2.36 mm	筛底		
5～20 mm 级配要求	0	0～10	—	40～80	90～100	95～100	—	>1.35	<47
耐久性设计	—	—	—	—	—	—	—	>1.50	—

根据表 8.20,在满足规范对集料级配要求的前提下,通过集料的两级配调整,可以提高集料堆积密度,减小空隙率,提高混凝土中的集浆比,提高混凝土体积稳定性,降低混凝土开裂倾向,提高混凝土断裂韧度。就所采用的集料而言,9.5～19.0 mm 与 4.75～9.5 mm 集料的合理比例为 65∶35。

(3)混凝土配合比参数优化

根据《混凝土结构耐久性设计与施工指南》要求,对于设计使用年限为 100 年、环境作用等级为 D 级的混凝土,水胶比不大于 0.4,胶凝材料总用量不低于 340 kg/m³ 且不宜高于 450 kg/m³。环境作用等级为 C 级或 C 级以上时,应在硅酸盐水泥中加入大掺量的矿物掺和料;硅酸盐水泥和普通硅酸盐水泥不能单独作为胶凝材料用于配制暴露于 pH 值小于 5.5 的酸性环境中的混凝土,必须加入较大掺量的矿物掺合料。

从大桥 C50 混凝土耐久性、泵送性能及预应力张拉等要求综合考虑,胶凝材料采用普通硅酸盐水泥 P·O42.5+S95 级矿渣粉＋Ⅱ级粉煤灰,其中矿渣粉和粉煤灰作为活性掺合料,其掺量为胶凝材料总量的 25%。采用聚羧酸高效减水剂,单方混凝土用水量为 155 kg/m³,胶凝材料总用量为 480 kg/m³,水胶比为 0.32。现场抽样混凝土 28 d 平均强度为 61.6 MPa,混凝土 3 d、7 d、28 d 收缩值分别为 62.0 $\mu\varepsilon$、76.7 $\mu\varepsilon$、169.3 $\mu\varepsilon$。混凝土总体性能良好。基于现场 C50 混凝土的性能,配合比的优化主要从调整集浆比及补偿收缩方面进行。

①集浆比及砂率调整。在满足混凝土拌合物泵送要求的前提下,增大集浆比、降低砂率,对提高混凝土体积稳定性,减小混凝土开裂倾向、阻止裂缝发展有益。

集浆比及砂率调整配合比如表 8.21 所示,试验结果如表 8.22 所示。

表 8.21 优化配合比及单方混凝土材料用量

编号	单方混凝土材料用量(kg/m³)								配合比参数		
	C	FA	BFS	W	S	G		A	W/B	砂率 (%)	集浆体积比
						10～20	5～10				
G1	360	30	90	155	722	705	379	6.7	0.33	0.40	0.685
G2					719	728	392			0.39	0.709
G3					705	737	397			0.38	0.724
G4					704	716	386			0.39	0.704

表 8.22　配优化合比及混凝土性能试验结果

编号	坍落度/扩展度（mm）		凝结时间（h）		强度（MPa）			备注
	初始	2 h	初凝	终凝	5 d	7 d	28 d	
G1	230/560	200/430	28	33.5	42.8	53.0	62.9	黏聚性好
G2	190/450	—	—	—	—	—	—	黏聚性较差
G3	185/400	—	—	—	—	—	—	黏聚性较差
G4	230/520	200/400	—	—	—	—	—	黏聚性中

　　根据表 8.21、表 8.22 试验结果，为保证混凝土拌合物可泵性能，同时保证混凝土体积稳定性，拌合物中粗集料体积应控制在 39%～40%。

　　②掺 ZY 膨胀剂混凝土性能优化。考虑到大桥节段式施工，分次浇筑的间隔时间可能会导致先后浇筑的混凝土因收缩差而产生开裂，对混凝土品质优化时采用补偿收缩技术。按照《混凝土外加剂应用技术规范》（GB 50119—2013），对掺膨胀剂混凝土测试水中养护 14 d、干空养护至 28 d 限制膨胀/收缩率；结合现场养护条件，对掺膨胀剂混凝土和不掺膨胀剂混凝土进行同条件试验，测试水中养护龄期 8 d，干空养护到 14 d、28 d 限制膨胀/收缩率。结合重庆地区材料供应情况及膨胀剂应用工程实践，采用重庆××特种建材股份有限公司生产的 ZY 高性能混凝土膨胀剂，掺量为胶凝材料总质量的 8%。掺膨胀剂混凝土配合比及性能测试结果如表 8.23、表 8.24 所示。

表 8.23　掺膨胀剂混凝土及基准混凝土单方材料用量　　　　单位：kg/m^3

编号	C	BFS	FA	ZY	W	G	S	A
E1	360	90	30	0	155	722	1 084	6.24
E2	331	83	28	38	155	722	1 084	6.24

表 8.24　掺膨胀剂混凝土及基准混凝土性能

编号	坍落度/扩展度（mm）	强度（MPa）			限制膨胀/干缩率（×10^{-4}）				
		5 d	7 d	28 d	水中 5 d	水中 8 d	水中 14 d	干空 14 d	干空 28 d
E1	230/550	46.4	52.3	65.4	0.13	0.27	—	-0.18	-0.33
E2-1	225/530	44.3	55.7	62.0	0.57	1.19		0.92	0.77
E2-2							1.63	—	1.08

注：①表中限制膨胀/干缩率数据带"-"表示收缩，正值表示膨胀。

　　②补偿收缩混凝土性能要求：水中 14 d 限制膨胀率≥1.5×10^{-4}，水中 14 d 空气中 28 d 限制干缩率≤3.0×10^{-4}。

表 8.24 表明:

①在相同限制条件,不掺膨胀剂和掺膨胀剂的混凝土在相同养护条件下,具有相同的变形规律,水中养护时会产生一定的湿胀,不同的是掺膨胀剂混凝土的限制膨胀率远大于不掺膨胀剂混凝土。

②水中养护 8 d 后将试件放入空气中,掺膨胀剂混凝土与不掺膨胀剂混凝土均出现一定程度的膨胀量回缩。干空养护至 14 d 时,不掺膨胀剂混凝土产生了干燥收缩。掺膨胀剂混凝土则还存在一定的限制膨胀,但较水中养护 8 d 时限制膨胀率降低。

③混凝土在水中继续养护至 14 d,限制膨胀率继续增加。

④掺膨胀剂混凝土水中养护至 14 d,再在干空中养护至 28 d,限制膨胀率出现回落。

重庆双碑嘉陵江大桥结构复杂,混凝土施工质量控制难度大,特别是塔梁墩固结部位以及单箱多室倒梯形薄壁宽箱结构混凝土裂缝控制困难。为保证大桥结构混凝土质量,控制混凝土结构裂缝,结合混凝土原材料情况,开展混凝土性能提升研究。根据研究成果,对原有混凝土配合比进行系统优化,混凝土性能得到提升,为重庆双碑嘉陵江大桥混凝土结构施工质量,特别是裂缝有效控制提供保障。

8.6　结　论

①混凝土性能是混凝土在具体工程中表现出的行为,对工程特点和服役环境具有很强的针对性。混凝土的高性能不是只要有配合比就能生产出来的,而是由包括原材料控制、拌合物生产制备和整个施工过程来实现,需要靠设计、施工、混凝土搅拌站及各原材料生产等整个工程所有环节协调、配合才能保证。

②用于特大桥的水泥,在满足《通用硅酸盐水泥》(GB 175—2007)前提下,建议细度不大于 350 m^2/kg,熟料中 C_3S 含量不大于 55%,C_3A 含量不大于 8%。配制特大桥 C50、C60 混凝土时,优先选择 P·O42.5 等级水泥。必要时,应对用于特大桥水泥的早期强度上限、水化热等提出明确的要求。

③水泥中的碱含量控制不仅是为了预防混凝土碱-集料反应,同时碱含量会影响混凝土开裂敏感性,低碱含量水泥的开裂敏感性小。用于特大桥的水泥,碱含量(以 Na_2O 计)不大于 0.6%。

④用于特大桥的水泥,在满足水泥国家标准的基础上,应对其与外加剂相容性、开裂敏感性进行检验。

⑤掺入较大掺量活性掺合料配制特大桥高性能混凝土时,应同时考虑掺合料的大量掺入对胶凝材料体系中 SO_3 的稀释作用及由此产生的对混凝土拌合物凝时间、体积稳定性的影响。胶凝材料体系中的 SO_3 含量应与 C_3A 含量、碱含量相匹配。

⑥集料作为混凝土的重要组成材料,对混凝土的体积稳定性有重要作用,同时集料的桥锁对提高混凝土的断裂韧度、阻止微裂缝的发展有重要作用。用于特大桥混凝土的集料应选用级配、粒形良好的坚洁集料,粗集料的紧装空隙率不宜大于 40%,以保证混凝土中用水量、浆集比、砂率满足设计配合比的要求。

第 9 章
项目建设管理及创新

重庆双碑嘉陵江大桥工程是重庆"三横线"由沙坪坝区进入江北区的跨江通道,由西引桥、主桥、东引桥、西跨杨双路接双碑隧道等组成。其中,主桥跨越嘉陵江,东接双碑东引道及石马河接线至石马河立交。主线总长 1.9 km,总投资约 10 亿元。2008年 9 月开工建设,2014 年底完工。重庆城市建设投资(集团)有限公司作为项目业主组织项目建设,中铁大桥勘测设计研究院有限公司与重庆市市政设计研究院负责设计,上海华申工程建设监理咨询有限公司负责监理,重庆城建控股(集团)有限责任公司负责施工。重庆双碑嘉陵江大桥工程项目成功建设依赖于项目建设的科学决策与管理,施工过程质量安全的有效控制,科技与管理创新的有力支持。

9.1 注重项目建设管理,千方百计推进项目建设

(1)采用建设代理模式,实现专业化管理

本工程采取建设管理代理模式,是项目管理专业化、工程施工标准化、管理手段信息化、日常管理精细化的重要举措,全面提高工程建设管理水平。

(2)充分考虑季节性影响,高塔基础提前委托施工

桥梁施工受汛期影响较大,本工程充分考虑了季节性施工影响,P26、P27 号墩深水基础提前单独招标,提前实施,抢在汛期前提前完成深水基础,为后续高低塔墩柱施工奠定基础。

(3)克服征地拆迁困难,优化措施确保施工进度

本工程跨越沙坪坝区、江北区,采取市区共建模式,由辖区政府负责征地拆迁。本工程沿线穿越江北农场、詹家溪、永胜桥、杨双立交,征地范围广,拆迁难度大。针对拆迁滞后问题,为保证施工正常,分别采取临时租用、调整设计方案、优化施工措施等确保施工正常。例如:临时租用江北农场鱼塘,确保东引桥 P31 号墩实施,顺利实现东引桥贯通;调整东引桥边跨设计方案,由支架现浇调整为悬臂浇筑,解决了江北农场住户拆迁滞后问题;优化施工措施,西引桥由原来的支架现浇调整为移动模架浇筑,一是解决了詹家溪河汛期对桥梁下部结构施工影响,二是极大减小了永胜桥片区征地拆迁

滞后影响。

（4）注重工程勘察设计管理与桥型方案创新，为"桥都"再添风采

为适应山地城市的复杂建设环境，在方案阶段，通过多次研究，主桥首次采用了大跨径预应力混凝土单索面高低塔刚构体系曲线斜拉桥方案。高低塔形似两座方尖碑，与双碑镇两岸地形及地名完美融合；为适应外观设计和受力要求，下塔柱设计为小间距双肢柔性塔墩，兼顾了刚度、防撞及景观要求；主桥箱梁为单箱三室斜腹板薄壁箱形宽主梁结构，具有优良的刚度和抗风性能；低塔设偏心竖向预应力，解决了单索面曲线斜拉桥横向抗扭难题；为适应高低塔及直线梁与曲线梁的受力平衡，在高塔岸侧设辅助墩和超重节段配重，在曲线梁段箱体内设高容重混凝土块配重；在栏杆设计中，结合重庆地方文化特点和桥型特点，将十二生肖和巴渝文化相结合，充分展现了重庆特点。

（5）工程建设主要节点

①2008年12月，获得工程可行性研究报告批复；

②2009年5月，取得用地规划许可证；

③2009年7月，完成初步设计批复；

④2009年8月，完成施工图设计；

⑤2009年8月，完成施工图审查备案；

⑥2009年9月，完成工程规划许可；

⑦2010年6月，获得施工许可证；

⑧2010年5月，主墩下塔墩完工；

⑨2010年9月，主墩主梁0号块完工；

⑩2011年3月，主墩上塔柱完工；

⑪2011年3月，辅助墩主梁0号块完工；

⑫2011年4月，矮塔墩上塔柱完工；

⑬2012年8月，主梁中跨合龙段合龙完成；

⑭2012年10月，主桥荷载试验完成；

⑮2015年1月，竣工验收。

9.2 严格施工过程管理，确保桥梁工程施工安全、质量与进度

（1）检查建设各方机构、管理制度，严格工程建设管理程序

严格要求代理、监理、施工、设计、勘察单位按照合同要求配置现场管理人员，检查督促各方完善建设管理制度。通过巡视、突击检查、抽查的方式，审查考核人员到岗和履职，对关键工种重点审查。严格检查和考核各项管理制度的执行，共进行了72次人员到位检查，检查结果在周例会、月度例会上予以通报，并督促其改正。督促完善了各项审批手续，做到了合法施工。

（2）安全、质量、进度及技术管理

①严格坚持执行设计文件、技术规范、法律法规及强制性标准。主持或参加重大技术方案的研究论证，组织或参与实施过程中的重大设计变更管理，如爬模施工方案、挂篮设计方案的研究，0 号块裂纹成因分析及处理等重大方案的研究和实施。

②参加了各分部、分项工程的检查验收，隐蔽工程验收，重要材料设备的选择、检验。检查中发现安全、质量不合格的，立即要求其停工整改，共发出了 15 份安全、质量整改工作联系单，包括商品混凝土供应站选择的考察检查，斜拉索、伸缩缝、支座等重要设备的选择。对施工过程中发现的首节塔柱钢筋安装、0 号块混凝土裂纹以及外观质量问题，及时下发质量问题通知单，要求相关各方严格按照经研究的工艺方案处理到位，确保工程质量。

③建设过程中，全程会同监理部、建设代理单位每月定期对现场进行施工安全生产和文明施工大检查。同时，定期部署各项安全专项排查和整顿活动、安全月活动等，深入强化安全管理工作，落实各项文明施工要求，实现项目安全、文明施工的总体目标。

④高度重视档案管理工作。档案管理人员多次组织现场档案人员的交底、培训学习，将档案的要求和重要性贯彻到现场的每个技术人员心中。档案资料质量得到重庆市档案馆的高度评价。

⑤负责征地拆迁管理人员积极与工程所属区政府联系、沟通，克服征地拆迁难度大、管网迁建复杂的种种困难，为现场提供较好的工作条件。

（3）设计变更及投资控制管理

①项目管理人员严格按照设计规范要求，按照合同文件要求，严把质量关。按照设计变更程序要求，严把设计变更关；共参与研究讨论各类设计变更 28 项，其中重大设计变更 5 项；全部督促办理了设计变更的审查、审批手续。

②在项目实施过程中，积极与项目紧密联系沟通，加强管控，及时督促和解决工程建设中的费用审查，确保工程建设中的变更审查及时，费用支付及时到位，始终做到合同管理有序，严谨合法。

9.3　重视桥梁施工监控，实现桥梁安全顺利建成

为保障桥梁施工过程中的结构安全及成桥结构内力与几何状态与设计相符，本项目委托专业机构对主桥施工进行监测与控制。桥梁施工监控主要内容为桥梁施工过程控制模拟分析，施工过程结构应力、索力、几何状态等监测，监测与计算数据分析与反馈控制等。

通过施工过程控制模拟分析，验证了桥梁结构设计的可靠性与施工技术方案的可行性。通过监测、数据分析与反馈控制，保证了桥梁施工过程始终处于安全及允许范围内，包括桥梁施工过程结构线形得到有效控制，实现了主梁顺利合龙；成桥结构内

力、索力、几何状态符合设计与控制目标要求。施工监控为施工难度很高的大桥安全顺利建成提供保障。

9.4　注重技术与管理创新，为项目建设提供支撑

（1）推行技术创新，取得多项科研成果

本工程强调科技创新，大力推行新技术、新工艺研发。本工程首创超大吨位前后支点组合式挂篮体系，打破了超宽主梁采用多片同类挂篮组合的传统，解决了单索面超宽主梁前支点挂篮的横向扭转问题；首次研发了斜拉桥非对称曲线梁段悬臂浇筑工艺，解决了斜拉桥主梁节段长度、线形、质量不对称的平衡施工难题；研发了桥梁施工超小间距双肢墩柱整体模板和相应的施工方法，达到节能、节材和环保的目的；采用适应复杂环境的多功能移动模架技术，增加了新的功能，拓展了移动模架技术的适用范围，为无支架施工、绿色施工、和谐施工做出新的贡献。

本工程形成国家级工法 1 部、省部级工法 5 部、发明专利 3 项、实用新型专利 6 项，获重庆市建设创新成果一等奖、重庆市科技进步二等奖，有力促进了行业科技进步。其采用科技手段达到和谐施工、绿色施工的目的，具有很强的示范和推广作用。

（2）强调质量管理，荣获多项工程奖项

本工程制定严格的质量目标，建设过程中严格按照 ISO 9001 质量管理体系的要求，建立完善的质量管理体系，并确保体系正常运行，加强过程控制，使工程质量始终处于受控状态。本工程完工后，先后获得"巴渝杯优质工程奖""重庆市市政工程金杯奖"、国家级优质工程奖。

9.5　严格成桥荷载试验及竣工验收，为桥梁投入使用把关

（1）严格荷载试验，为工程竣工验收提供依据

工程竣工前，组织专业机构针对重庆双碑嘉陵江大桥主桥进行成桥静载试验和动载试验。主桥静载试验包括针对设计荷载的静载试验方案制订，静荷载试验下的结构分析，试验加载下的结构控制截面应力测试，试验加载下的结构控制点挠度、偏位测试，试验加载下的斜拉索索力测试等。主桥动载试验包括针对设计荷载的动载试验方案制定、动荷载试验下的结构分析、脉动试验、速度为 20 ~ 60 km/h 跑车试验、原地跳车试验、刹车试验等。

试验结果表明：

①桥梁结构外观良好，试验过程中未见裂缝等异常情况；

②桥面线形平顺，上、下游对称性较好；

③各工况荷载作用下，混凝土主梁、主塔截面强度、刚度满足设计及标准要求；

④各工况荷载作用下，斜拉索索力增量小于计算值；

⑤各工况荷载作用下,支座工作状态正常;

⑥结构实测竖向、横向基频均大于计算值,结构竖、横向动力刚度满足标准要求;

⑦结构冲击系数实测值冲击系数小于设计取值,符合标准要求。

总之,重庆双碑嘉陵江大桥主桥结构应力、变形、索力、动力特性、动力响应等实测结果与计算值吻合较好;桥梁结构工作状态处于弹性范围内,桥梁实际强度、刚度和承载能力满足设计及标准要求,可以投入使用。

对东西引桥进行成桥静动载试验,结果表明:结构应力、变形、动力特性、动力响应等实测结果与计算值吻合较好;桥梁结构工作状态处于弹性范围内,桥梁实际强度、刚度和承载能力满足设计及标准要求,可以投入使用。

(2)严把竣工验收关,为工程项目建设画上圆满句号

竣工验收严格按照国家相关规定进行。桥梁工程勘察设计单位、监理单位、施工单位等相应工作进行总结,并对工程质量进行确认。经过审查可见,前期设计阶段批复、工程建设规划许可证、建设用地批准书、建设工程施工许可证等建设文件齐全。主桥及东西引桥成桥荷载试验报告表明,桥梁结构满足设计及标准要求,可以投入使用。工程档案验收合格。总之,重庆双碑嘉陵江大桥通过市政工程竣工验收。

9.6 结 语

重庆双碑嘉陵江大桥结构新颖,设计施工科技含量高,建设管理到位,工程质量优良。建成后桥梁外形美观,双塔设计与双碑地名寓意一致,大桥与周边环境形成完美统一,栏杆十二生肖充分体现巴渝文化,为重庆再添亮丽风景;在交通方面,响应主城区综合交通规划、快速路网规划、"十一五"市政基础设施建设规划,促进西部新城、北部新区等片区经济社会发展,对加快建设"畅通主城"的交通建设具有重要意义。

参考文献

［1］杨寿忠,王俊如,向中富,等.前、后支点组合挂篮变形协调性研究[J].公路交通技术,2013(4):6.

［2］曾勇,桂永旺,张雪松,等.双碑嘉陵江大桥带铰组合挂篮加载试验研究[J].桥梁建设,2014,44(2):6.

［3］杨寿忠,王俊如,李正,等.一种前后支点组合式挂篮:CN201010169818.8[P].2011-07-06.

［4］杨寿忠,王俊如,李正,等.一种挂篮应力及变形预警系统:201020219108[P].2010-11-10.

［5］杨寿忠,朱光华,唐吉中,等.一种桥梁施工超小间距双肢墩柱的施工方法:CN201210351107[P].CN 102817326 A.

［6］杨寿忠,危接来,朱光华,等.超大吨位单索面前、后支点组合式挂篮体系施工工法:CN201310486588.1[P].CN103498426A.